国家自然科学基金地区项目"负溢出效应视角下的OTA平台生态圈服务失败和服务补救研究"（项目编号：72262009）

基于服务失败负溢出效应的
OTA平台生态圈服务补救效果
影响机制研究

韦家华◎著

Research on the Impact Mechanism of
Service Recovery Effect in OTA Platform Ecosystem Based on
Negative Spillover Effect of Service Failure

经济管理出版社
ECONOMY & MANAGEMENT PUBLISHING HOUSE

图书在版编目（CIP）数据

基于服务失败负溢出效应的 OTA 平台生态圈服务补救效果影响机制研究 / 韦家华著. -- 北京 : 经济管理出版社，2024. -- ISBN 978-7-5096-9779-5

Ⅰ. F590.6-39

中国国家版本馆 CIP 数据核字第 2024G2Y897 号

组稿编辑：郭　飞
责任编辑：郭　飞
责任印制：许　艳
责任校对：蔡晓臻

出版发行：经济管理出版社
　　　　　（北京市海淀区北蜂窝 8 号中雅大厦 A 座 11 层　100038）
网　　址：www. E-mp. com. cn
电　　话：(010) 51915602
印　　刷：唐山玺诚印务有限公司
经　　销：新华书店
开　　本：720mm×1000mm/16
印　　张：10. 5
字　　数：162 千字
版　　次：2024 年 9 月第 1 版　　2024 年 9 月第 1 次印刷
书　　号：ISBN 978-7-5096-9779-5
定　　价：88. 00 元

目　录

第1章

OTA平台生态圈的
服务失败负溢出效应

1.1 OTA 平台生态圈及其三元互动模式

平台是两个具有网络外部性的市场主体之间交互的媒介。随着网络的发展，平台服务已经成为人们生活中不可缺少的一部分，并正在深刻地改变着人们的商业模式。在在线平台服务方面，逐步形成了在线平台生态系统。而平台生态圈是不同的市场主体以平台企业构建的技术、机制、契约为依托，为了资源共享、价值共创而进行互动的一种多主体共享，实现多主体共赢的一种商业生态系统（张慧和闫莹，2014；李雷等，2016）。

在线平台作为空间众包的典型应用，在移动互联网和共享经济时代越来越流行（Xu 等，2020）。由于信息技术的发展，节约了不同的市场主体之间以及主体内部之间的交易成本，零售商、PC 运营商、在线旅行社（OTA）、数字 PAD、互联网系统等都在构建自己的在线平台进行网上营销，交易和服务都获得了顾客的青睐（Thomas 等，2011；Carmel 和 Juan，2013；Kim 等，2017；Zhou 等，2020）。平台服务是指服务参与者通过共享平台所提供的支持进行产品、服务的交互和交易（华中生，2013）。当前关于平台服务的研究主要集中在考虑网络平台模式、双边市场定价、市场策略、混合供应链决策、均衡经济分析等方面（Wei 等，2021）。平台企业通过搭建网络平台，吸引了新服务开发项目的内容提供商帮助他们共享资源、共创价值，从而打造出一个平台生态圈。平台生态圈是不同的市场主体以平台企业构建的技术、机制、契约为依托，为了资源共享、价值共创而进行互动的一种多主体共享，实现多主体共赢的一种商业生态系统（张慧和闫莹，2014；李雷等，2016）。服务增强趋势、模块化联合和无边界发展等对"互联网+"背景下的企业产生行业冲击，企业之间的竞争转向以平台企业为中心的生态系统竞争，使企业主动或被动地进行网络嵌入（Hacklin 等，2009；Tiwana 等，2010）。

在平台生态圈环境下，顾客通过平台进行服务定制，再经由特定的服务提供商进行服务，形成了"顾客—OTA平台—服务提供商"三元互动关系。而平台企业将顾客和服务提供商汇聚在一起，符合平台生态圈核心企业的特征。平台生态圈可划分为六个维度：平台背景、平台网络、平台竞合、平台关联、平台演变和平台演变创新（陈超和陈拥军，2016）。虽然平台生态圈已高度参与了人们的生活，但当前对于平台生态圈商业模式的研究还比较缺乏，特别是当前服务管理学界对平台生态圈独特的"顾客—OTA平台—服务提供商"三元互动关系的研究还相对欠缺，需要深入探讨。

在线旅行社（Online Travel Agency，OTA），在中国一般称OTA为OTA平台，如携程、途家、Airbnb等。OTA平台正在颠覆传统的旅游商业模式。因为传统的旅游商业模式是"顾客—服务提供商"二元互动模式，是酒店直接与顾客进行交易和提供服务，而OTA平台将传统"顾客—服务提供商"的二元互动模式拓展为"顾客—OTA平台—服务提供商"的三元互动模式（Wei，2021）。因此"顾客—OTA平台—服务提供商"形成了一个OTA平台生态圈，如图1-1所示。OTA平台生态圈是平台生态圈的一种类型。在OTA平台生态圈内，顾客通过OTA进行预订服务提供商（如酒店），并可以在OTA平台上发表评论等，服务提供商需要向OTA平台支付费用。

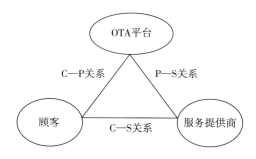

图1-1 OTA平台生态圈的C—P—S三元互动关系

1.2　服务失败负溢出效应

溢出效应是指一个组织某项活动的效果会传播到其他组织、人或社会。溢出效应分为正溢出效应和负溢出效应，正溢出效应能引起周边其他组织、个人或社会收益的增加，或者带来好的经济效果；负溢出效应是指一个组织的某项活动引起周边其他组织、个人或社会收益的减少，或者带来坏的经济效果。

当前学术界对于负溢出效应的研究涉及多个领域，产生了许多可借鉴的研究成果。而在 OTA 平台生态圈情景下，当旅游供应商产生服务失败时，消费者不仅会抱怨旅游供应商，还将迁怒于 OTA 平台，产生服务失败的负溢出效应。然而，当前对于 OTA 平台生态圈服务失败负溢出效应的研究成果还非常少，难以解释其作用机理及其独特性。

近年来，发生在世界各地的 OTA 平台生态圈服务失败案例层出不穷。例如，2019 年 7 月，英国的 Bakos 先生去日本京都旅游，并通过 Airbnb 租住了一个民宿（Airbnb 是国际著名的旅游在线平台）。民宿的卧室和客厅之间有一个推拉门，当 Bakos 先生拉门的时候，门倒了并砸伤了他的头部。随后，Bakos 先生在失望中联系了民宿的服务员工，要求退款和进行赔偿。但民宿的服务员工认为这个问题是由于 Bakos 先生使用不当产生的，不能说明门的质量一定有问题，民宿是没有责任的，因此不能对 Bakos 先生进行退款和赔偿。随后，Bakos 先生在气愤中对 Airbnb 和民宿进行投诉。最终，Airbnb 和民宿为了挽回负面影响，退回了 Bakos 先生的住宿费用，赔偿了 Bakos 先生 1200 美元，并进行了道歉。

从 Bakos 先生的案例可以看出，Airbnb 是 OTA 平台，Bakos 先生是顾客，而民宿是服务提供商。服务员工是代表服务提供商进行服务的。因此，在 OTA 平台生态圈中，OTA 平台企业负责搭建网络平台，顾客通过平台进行服务定制，再经由特定的服务提供商对顾客提供服务，从而形成了包括"顾客—OTA 平台—服务提供商"三元互动关系。顾客通常直接与服务提供商进行接触，而 OTA 平台则充当信息资源整合者和匹配者的角色。Bakos 先生的案例反映了 OTA 平台生态圈的服务失败也存在负溢出效应的现实：服务失败起源于旅游供应商，不仅会损害顾客与服务供应商的关系，还会恨"鸟（服务供应商）"及"屋（OTA 平台）"，损害顾客与 OTA 平台的关系，产生服务失败负溢出效应。

本书基于 OTA 平台生态圈服务失败的负溢出效应，深入探讨 OTA 平台生态圈服务补救效果的影响机制，将深化对 OTA 平台生态圈服务补救的认识，丰富 OTA 平台生态圈服务理论体系。本书将在研究中，分 5 章从消费者心理和服务员工心理的双重视角，采用情景实验等方法采集研究数据，通过 SPSS25.0 和 AMOS25.0 等软件进行数据分析和研究假设检验，探讨服务员工的情绪智力、情绪劳动（表层行为和深层行为）、心理韧性、消费者负面情绪、消费者宽恕以及关系质量、企业声誉等对服务补救效果的影响机制。本书的研究有利于基于 OTA 平台生态圈服务失败的负溢出效应，从心理视角更好地探讨和解释 OTA 平台生态圈服务补救效果的影响机制，为提高 OTA 和旅游供应商（酒店）的服务补救效果提供一个理论视角，促进 OTA 商业模式健康发展，提高在线旅游服务质量。

第2章

关系质量视角下的OTA平台生态圈服务补救效果影响机制研究

2.1 引言

在 OTA 平台生态圈中，OTA 平台企业负责搭建网络平台，顾客通过 OTA 平台进行服务定制，再经由特定的服务提供商对顾客提供服务，从而形成了"顾客—OTA 平台—服务提供商"三元互动关系。顾客通常直接与服务提供商进行接触，而 OTA 平台则充当信息资源整合者和匹配者的角色，如 Airbnb、Uber、携程等。与传统服务的"顾客—服务提供商"二元互动关系不同，OTA 平台生态圈服务涉及顾客和 OTA 平台、顾客和服务提供商以及 OTA 平台和服务提供商之间的多方互动。

当前研究对于平台、平台服务和平台生态圈已经有比较明确的界定（Carmelo 和 Juan，2013；华中生，2013；李雷等，2016），也对平台生态圈的维度以及平台生态圈商业模式创新的路径和双赢发展模式进行了探讨（Wei，2021）。现有文献对服务失败和服务补救的关注较多，从感知公平、顾客参与、顾客心理契约等视角研究了服务补救效果的影响因素（Ashraf 和 Manzoor，2017）。在 OTA 平台生态圈环境下，由于服务产品具有无形性、同步性和异质性等特点，其发生服务失败是不可避免的，需要进行服务补救恢复顾客信任，增强平台企业竞争力。但当前对于 OTA 平台生态圈服务失败和补救的研究还比较少，因此，迫切需要探讨 OTA 平台生态圈环境下的服务失败和服务补救问题。

而在 OTA 平台生态圈情景下，当服务供应商产生服务失败时，消费者不仅会抱怨服务供应商，还将迁怒于 OTA 平台，产生服务失败的负溢出效应。然而，当前对于 OTA 平台生态圈服务失败负溢出效应的研究成果还非常少，难以解释其作用机理及其独特性。

为了深入探讨基于服务失败负溢出效应的 OTA 平台生态圈服务补救效果的影响机制，深化对 OTA 平台生态圈服务补救的认识，丰富 OTA 平台生态圈服务理论体系，本章将研究服务员工情绪智力对关系质量的影响作用以及不同关系质量之间的影响作用，并探讨 OTA 平台顾客忠诚度的形成机制。本书将扩展服务补救、情绪智力、关系质量等理论及适用情景，有助于从更广阔的视角解释 OTA 平台生态圈的服务补救效果影响机制。本书也将为 OTA 平台服务企业提高服务补救效果提供理论参考，提高平台企业竞争力，促进 OTA 平台生态圈的商业模式健康发展。

2.2 文献分析和研究假设

2.2.1 服务补救

服务失败是指在服务过程中，服务企业所提供的服务没能达到顾客可接受的最低标准，不能满足顾客的要求和期待而导致顾客产生不满意情绪的结果（Chaouali 等，2020）。服务失败可分为结果失败和过程失败，结果失败主要是指服务企业没有实现基本服务内容和满足顾客期望的行为，而过程失败主要是由于服务中的服务方式上的缺陷造成不愉快的服务经历（Smith 等，1999）。由于服务失败的普遍性和不可避免性，自 20 世纪 80 年代开始就引起学者的关注，就服务失败的定义、分类、产生原因、影响因素和后果等方面进行了广泛探讨，丰富了服务失败研究（Sven 等，2015；刘凤军等，2019）。

顾客在遇到服务失败时，顾客感觉换取的资源贬值了，从而引起心理的不满而进行投诉（杜建刚和范秀成，2012），因此需要进行服务补救。服务补救是服务提供者在服务失败发生后，为了平息顾客的不满和抱怨，恢复顾客的信任而采取的反应和措施（Kelly，2018）。服务补救不仅能保持顾客满意，甚至可以获得比服务失败之前更高的顾客满意水平，从而提高重购意愿（Bernardo 等，2013）。学术界对服务补救效果影响因素从不同角度进行了关注。当前文献关注了网购、零售业和旅游业等行业顾客的感知公平对服务补救质量、顾客满意和顾客忠诚的影响关系（Assefa，2014）；从情绪、情感平衡和情绪感染视角分析了服务补救效果的影响机制（贾薇和赵哲，2018）；现有研究认为顾客参与、共同补救将提升服务补救效果（Ashraf 和 Manzoor，2017）。研究显示，与新兴市场的结果失败相比，过程失败导致客户流失的可能性更高，过程失败恢复比结果失败恢复更有效，员工行为对减轻过程失败的不良影响比结果失败的影响更大（Borah 等，2020）。在服务补救后顾客满意度的影响机制方面，一些学者还关注了顾客不当行为、时间感知、文化差异、顾客心理契约违背、经济补偿和情感补偿、群体失败和个体失败等对服务补救后顾客满意的影响作用（刘汝萍等，2018；Albrecht 等，2017；Wei 等，2021）。但现有研究采用的基本是"顾客—服务提供商"二元互动关系范式，而随着 OTA 平台服务的兴盛，OTA 平台和服务提供商同时对顾客提供服务，迫切需要采用"顾客—OTA 平台—服务提供商"三元互动关系范式来探讨 OTA 平台生态圈环境下的服务失败和服务补救问题。

2.2.2　情绪智力

以 Mayer 和 Salovey（2004）为代表的能力情绪智力流派认为，情绪智力是人们管理自身和他人的情绪和情感，并将其获取的信息指导自己的认识和行为的一种能力，可分成四个维度，即情绪感知、情绪整合、情绪理解和情绪管理。特质情绪智力流派认为情绪智力定义是识别他人情绪，识别和控制自己的情绪并掌控人际关系主动性的行为和能力，其维度包括认识自我情绪、妥善管控情绪、自我进行激励、认识他人情绪和人际关系管理共 5 个维度（Goleman，1995）。

关于情绪智力的影响作用，当前研究最多的是管理者或员工情绪智力对工作效果的影响作用。现有学者通过对 103 名推销人员进行实证调查和研究发现，推销人员的情绪智力与其销售效果呈正相关关系（Rozell 等，2006），研究也论证了不同商业环境下，企业员工情绪智力与其工作绩效、组织行为呈正向关系（Wei 等，2021）。具有较高的情绪智力的服务员工将能采取积极心理应对方式，获得较好的心理健康状况（孟凡杰和张岗英，2012）。有研究以西班牙军校学员为研究对象，分析了情绪智力、团队沟通与工作满意度的关系，研究结果显示情绪智力对工作满意度具有独特贡献，它可以帮助军校学员体验到更高的工作满意度（Valor-Segura 等，2020）。在服务补救研究中，有研究者以韩国旅行社员工为样本，研究结果显示情绪智力对顾客导向有正向影响，进而对服务补救努力产生正向影响，顾客导向在情绪智力和服务补救努力之间起中介作用（In 等，2020）。但在 OTA 平台生态圈的服务补救中，关于服务员工情绪智力对服务补救效果的影响还缺乏研究，需要给予更多的关注。

2.2.3 关系质量

自 20 世纪 90 年代以来，对关系质量的研究开始活跃起来。关系质量的含义因其研究对象的差异而有所区别。许多研究者对其特定背景下的关系质量进行了探索，这些关系质量的概念或从关系双方的人际交往角度出发，或从盈利的角度理解和解构关系质量。就服务业而言，关系质量是顾客对服务提供者的满意和信任（Wei 等，2022）。进入 21 世纪以来，一些研究者根据不同情境提出了关系质量还应该包括关系强度、冲突解决、身份认同、合作、义务性、情感性等（Wei 等，2023）。在平台型购物网站的关系质量研究中，有研究者认为关系质量包括顾客满意和顾客信任两个维度（董晓舟，2015）。研究文献显示，关系质量是服务质量的结果因素，也是关系满意的前置变量，且感知公平、感知价值、口碑、品牌契合、环境责任感、外包效果、不同嵌入关系情境等对关系质量具有显著或一定的影响作用（何学欢等，2018，Wei 等，2021）。

有研究显示，情绪智力高的个体能准确地感知他人情绪，可能更有助于正确地感知他人的需要和意见，在语言和行为上更能迎合他人，与他人的关系更加融洽，从而获得更高的关系质量（Wei 等，2021）。在夫妻关系中，有学者通过对 86 对夫妇进行了实验研究，研究结果显示高情绪智力的夫妻一方将带来更好的关系质量（Brackett 等，2005）。Schroder-Abe 和 Schutz（2011）对 191 对夫妇进行实证研究，发现一个人对关系质量的感知不仅受其情绪智力的影响，而且还受其关系伴侣的情绪智力的影响。对于中学生群体而言，高情绪智力的中学生更容易处理好与同学的关系，情绪智力与关系质量呈正向相关。Kim 和 Lee（2016）以 306 名外籍人士为研究对象，以问卷调查进行实证研究，发现情绪智力对关系质量具有正向影响作用。研究发现，在服务行业中高情绪智力的服务提供者将获得更多的顾客满意和更融洽的"员工—顾客"关系，即关系质量水平更高（Daus 和 Rater，2001；Kernbach 和 Schutte，2005）。

根据以上前人文献的分析，本章认为，在 OTA 平台生态圈服务补救中，具有高情绪智力的服务员工将能提升"顾客—服务提供商"关系质量和"顾客—OTA 平台"关系质量。而随着"顾客—服务提供商"关系质量的提升，顾客对 OTA 平台的信任也将提高，从而将改善"顾客—OTA 平台"关系质量。因此，本章提出以下 3 个研究假设：

H1：服务员工情绪智力正向影响"顾客—服务提供商"关系质量。

H2：服务员工情绪智力正向影响"顾客—OTA 平台"关系质量。

H3："顾客—服务提供商"关系质量正向影响"顾客—OTA 平台"关系质量。

2.2.4　顾客忠诚度

学者们一般接受从态度忠诚和行为忠诚两个角度来界定顾客忠诚度，是指顾客在较长一段时间内对于企业的产品或服务保持的选择偏好和重复性购买行为（Wei 等，2021）。顾客忠诚度维度可划分为认知成分、情感成分和行为、重构意愿、重复购买、向他人推荐、关注度等维度。学者们认为顾客满意将影响顾客未来的购买行为，是顾客忠诚的前奏，在一定条件下服务质量也将对顾客忠诚产生直接影响关系（李玉萍，2014）。现有文献认为，服务补救情景下的顾客忠诚包括重复购买和推荐他人是两个关键维度（李玉萍，2014），而关系质量包括顾客满意和顾客信任两个维度（董晓舟，2015），关系质量对顾客重复购意愿具有显著正向影响作用（赵延昇和王仕海，2012）。在网购环境下，良好的关系质量不但可以降低顾客在购买服务产品时的不确定性，也对顾客忠诚发挥正向影响作用（Rafiq 等，2013）。在美甲护理行业，研究证实顾客对美甲服务的满意度将影响美甲服务的可信度及员工的参与度，关系质量对顾客满意和顾客忠诚会产生正向影响作用（Jeong 和 Jang，2016）。Garepasha 等（2020）通过考察关系质量与在线客户忠诚在关系的不同阶段之间的关系，顾客关系水平决定了关系质量对顾客忠诚的影响，随着客户与企业关系的发展，网络信任对忠诚度的影响也随之增大。因此，在平台生态圈环境下，当服务失败发生后，服务员工进行了服务补救，如果"顾客—OTA 平台"关系质量提升，顾客对 OTA 平台产生好感和情感，将会重复购买并向他人推荐该 OTA 平台，从而形成顾客对 OTA 平台的忠诚。因此，"顾客—OTA 平台"关系质量，"顾客—服务提供商"关系质量发挥了中介作用。根据以上分析，本章提出以下 3 个研究假设：

H4："顾客—OTA 平台"关系质量正向影响平台顾客忠诚度。

H5："顾客—OTA 平台"关系质量在服务员工情绪智力与 OTA 平台顾客忠诚度之间发挥了中介效应。

H6："顾客—OTA 平台"关系质量和"顾客—服务提供商"关系质量在服务员工情绪智力与 OTA 平台顾客忠诚度之间发挥了中介效应。

根据以上 6 个研究假设，本书构建了如图 2-1 所示的研究模型。"顾客—服务提供商"关系质量、"顾客—OTA 平台"关系质量、OTA 平台顾客忠诚度均是 OTA 平台生态圈服务补救效果的衡量变量。本章将探讨服务员工情绪智力对"顾客—服务提供商"关系质量和"顾客—OTA 平台"关系质量之间的影响关系，以及"顾客—OTA 平台"关系质量对 OTA 平台顾客忠诚度的影响关系，并探讨"顾客—服务提供商"关系质量和"顾客—OTA 平台"关系质量的中介作用。

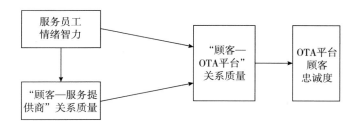

图 2-1　本章的研究模型

2.3　研究方法

2.3.1　变量测量

本章的测量变量包括服务员工情绪智力、"顾客—服务提供商"关系质量、"顾客—OTA 平台"关系质量和 OTA 平台顾客忠诚度。为确保 4 个变量测量的针对性和科学性，本章采用国内外学者发表的权威文献的相关量表，并根据 OTA 平台生态圈服务补救情景进行相应的修改。所有测量题项均采用 Likert5 点尺度进行测量，选项包括"非常符合、符合、基本符合、不太符合、不符合"。服务员工情绪智力量表参考了 Wong 和 Law（2002）的情绪智力量表，设置了 5 个题项。"顾客—服务提供商"关系质量量表和"顾客—OTA 平台"关系质量量表参考了汪旭晖和郭一凡（2018）的关系质量量表的研究成果，并特别考虑 OTA 平台生态圈的"顾客—OTA 平台—服务提供商"三元互动关系的特点，分别设置了 4 个题项。OTA 平台顾客忠诚度量表参考了 Wei 等（2021）的顾客忠诚度量表成果，设置了 3 个题项。

本章的调查问卷分为两部分，包括服务员工部分和顾客部分。服务员工部分只有服务员工情绪智力，共 5 个题项。顾客部分的变量包括"顾客—服务提供商"关系质量、"顾客—OTA 平台"关系质量、OTA 平台顾客忠诚，共 11 个题项。此外，问卷还设置了服务员工和顾客的个人信息题项，由服务员工填写的有 3 项，分别是服务员工性别、年龄和学历；由顾客填写的有 5 项，分别是顾客性别、来源、年龄、学历和职业。设置个人信息的测量题项是为了了解样本的来源和构成情况。

2.3.2　样本和数据收集

本章的调查问卷在正式发放前选取 41 人进行预测试，根据预测试的反馈情况，修正了调查问卷题项中的语句表述等技术性问题，从而尽量避免填答者可能出现的社会期望偏差和共同方法偏差。在调查问卷正式调查中，将寻找经历过 OTA 平台服务的服务员工样本和顾客样本。服务员工指参与服务补救的服务企业的所有参与人员。

本章的调查要求服务员工样本和顾客样本有 OTA 平台服务补救经历，是志愿参加问卷调查。本章主要通过以下两个途径获取样本：一是与携程、美团、途家等 OTA 平台企业及其服务提供商合作，通过平台 App 直接发送电子问卷给符合要求的服务员工样本和顾客样本；二是通过微信和 QQ 寻找合适的服务员工样本和顾客样本。

在调查过程中，由服务员工填写服务员工部分调查问卷，而顾客填写顾客部分调查问卷，采取了一对一的配对调查。先让服务员工填写问卷的第一部分，然后随机挑选该服务员工曾服务过的一位顾客填写问卷的第二部分。在调查过程中，调查者让调查样本在比较放松的情景下填答调查问卷，如企业员工的休息时间、学生的课后时间等。调查者对调查问卷研究的目的和调查答卷填答要求进行了充分的说明，采取了微信红包、抽奖、赠送礼品等激励措施。共回收问卷 243 份，除不完整问卷及答案前后矛盾的问卷，有效问卷为 227 份，有效答卷率为 93.42%。服务员工和顾客的样本均为 227 人。

在问卷调查过程中，研究者努力避免社会称许性偏见（Desirability Bias）。发生社会称许性偏见主要有以下三个原因：一是被测试者本身具有较高的社会称许性；二是测验情境激发了被测试者的社会称许性偏见；三是题项本身引起的社会称许性偏见。而在本调查中，选择的调查样本包括一般的中国的市民、农民和学生，他们只是一般的公民，没有较高的社会称许性，能基于事实进行比较客观的评价。调查问卷的引导语也没有社会称许性进行引导。在调查前，我们告诉被调查者本调查问卷的填答是匿名的，不会泄露隐私，让他们客观地进行填写。我们也对题项表述进行了优化，防止出现社会称许性偏见。

研究者也着力解决问卷调查过程中的无回应偏见问题（Non-response Bias）。调查过程中会有许多因素导致抽样样本中部分个体的缺失或无回应，使最终的有效样本只是调查样本的一部分（Smironva 等，2019）。在本问卷调查中，我们采用了一些措施避免和降低无回应偏见问题。一是在样本选择阶段，我们通过平台企业在和微信、QQ 等征集样本时，要求被测试者是自愿参加问卷调查，而且有网络平台服务补救经历，因此极大地降低了无回应的概率；二是在问卷调查过程中，我们对调查样本进行了问卷填写的培训，告知了填答流程和方法等，提高了问卷的填答率，降低了无回应偏见问题。

在服务员工样本中，男性为 89 人、女性为 138 人，占比分别为 39.21%、60.89%，符合中国服务员工女性较多的现实。在服务员工的年龄分布上，25 岁及以下的服务员工为 79 人，占比为 34.80%；26～44 岁的为 101 人，占比为 44.49%；45 岁及以上的为 47 人，占比为 20.71%。在服务员工学历结构方面，高中及以下学历的服务员工为 46 人，占比为 20.26%；大学专科学历的为 113 人，占比为 49.78%；本科学历的为 62 人，占比为 27.31%；硕士及以上学历的为 6 人，占比为 2.64%。

顾客样本分布情况如表 2-1 所示，分别对顾客样本的性别、来源、年龄、学历和职业进行了统计。

表 2-1　顾客样本分布　　　　　　　单位：人，%

一级指标	二级指标	样本量	百分比	一级指标	二级指标	样本量	百分比
性别	男性	111	48.90	学历	初中及以下	22	9.69
	女性	116	51.10		高中	44	19.38
来源	一线城市	25	11.01		大学专科	88	38.77
	省会城市	38	16.74		大学本科	54	23.79
	其他城市	96	42.29		硕士及以上	19	8.37
	县城或乡镇	39	17.18	职业	公务员	23	10.13
	农村	29	12.76		专技人员	51	22.47
年龄	25 岁及以下	49	21.59		企业人员	74	32.60
	26~35 岁	83	36.56		学生	31	13.66
	36~59 岁	71	31.28		农民	20	8.81
	60 岁及以上	24	10.57		其他	28	12.33

2.4　数据分析和假设检验

2.4.1　信度和效度检验

当前一般采用 Cronbach's α 系数来衡量问卷数据的信度，系数值越高则说明问卷内部的一致性越强，信度越高。Cronbach's α 要求大于 0.70（Nunnally 和 Bemstein，1994）。如表 2-2 所示，4 个变量的 Cronbach's α 系数值在 0.752~0.869 之间，大于 0.70 的门槛值，表明问卷的内部一致性和稳定性均达到要求，通过了信度检验。

在内容效度方面，调查问卷的所有题项均参考了权威期刊的研究成果，并结合平台生态圈情景进行了调整，确保了调查问卷题项的内容效度。收敛效度检验如表 2-2 所示，各题项的标准化载荷载系数均大于 0.50，T 值也均大于 1.96 的门槛值，各变量的组合信度（CR）值均大于

0.70，且平均提炼方差（AVE）均大于 0.50，达到了 Hair（2006）、吴明隆（2010）关于收敛效度的检验标准，因此收敛效度通过检验。

表 2-2　信度和收敛效度检验

变量	测量题项	因子载荷	T 值	Cronbach's α	CR	AVE
服务员工情绪智力	我非常了解自己的情绪	0.799	7.681	0.869	0.908	0.666
	我能很快觉察到顾客的情绪	0.743	4.021			
	我总能进行自我激励	0.726	4.952			
	我有很强的情绪自控能力	0.903	9.723			
	我能很快化愤怒转为冷静	0.862	5.128			
"顾客—服务提供商"关系质量	我与服务提供商沟通顺畅	0.829	2.946	0.821	0.867	0.620
	我认为服务提供商是诚实的	0.767	4.664			
	我更加信任服务提供商	0.709	3.016			
	我对服务提供商有了情感依赖	0.837	4.533			
"顾客—OTA平台"关系质量	我认为平台是可靠的	0.818	3.936	0.834	0.870	0.626
	平台对我很有吸引力	0.762	3.652			
	平台给予我许多帮助	0.771	4.276			
	我更加信任平台	0.813	5.339			
OTA 平台顾客忠诚度	我将继续使用平台	0.857	6.483	0.752	0.795	0.567
	我将推荐周围人使用平台	0.672	4.782			
	我将成为该平台的粉丝	0.718	6.622			

区别效度检验如表 2-3 所示，各变量的平均提炼方差（AVE）的平方根值都大于该变量与其他变量之间的相关系数，说明问卷有较显著的区别效度。在建构效度的检验方面，研究模型拟合度的测量值如表 2-4 所示，χ^2/df 为 2.689，CFI 和 TLI 分别为 0.947 和 0.943，SRMR 为 0.041，RMSEA 为 0.057。而根据吴明隆（2010）的良好模型标准，χ^2/df 要小于 5，CFI 和 TLI 要大于 0.90，SRMR 要小于 0.05，RMSEA 要小于 0.1，因此研究模型的以上各指标均达到了良好模型的标准，调查问卷建构效度通过检验。

表2-3   区别效度检验

变量	1	2	3	4
服务员工情绪智力	0.816	——	——	——
"顾客—服务提供商"关系质量	0.602	0.787	——	——
"顾客—OTA平台"关系质量	0.574	0.641	0.791	——
OTA平台顾客忠诚度	0.437	0.524	0.662	0.753

注：对角线上值为AVE的平方根，其他数据为对应变量之间的相关系数。

表2-4   研究模型拟合度

拟合指数	χ^2	df	χ^2/df	CFI	TLI	SRMR	RMSEA
指数值	287.714	107	2.689	0.947	0.943	0.041	0.057

2.4.2   研究假设检验

2.4.2.1   直接影响关系检验

本部分使用结构方程模型分析各变量之间的直接影响关系。结构方程模型与回归分析相比，它更适合用于进行研究假设检验，这有利于从不同的角度进行分析，而回归分析在研究自变量对某一因变量的影响作用时，会忽视其他因变量的存在及作用（吴明隆，2010）。本章运用问卷调查数据运行AMOS23.0软件，用结构方程模型对研究假设进行了验证。

如表2-5所示，服务员工情绪智力对"顾客—服务提供商"关系质量产生正面影响作用，其标准化路径系数是0.622，T=4.121，研究假设H1通过检验。服务员工情绪智力对"顾客—OTA平台"关系质量产生正面影响作用，其标准化路径系数是0.397，T=1.982，统计上达到显著水平，研究假设H2也通过检验。"顾客—服务提供商"关系质量对"顾客—OTA平台"关系质量的标准化路径系数是0.529，T=3.882，统计上达到显著水平，研究假设H3通过检验。"顾客—OTA平台"关系质量对OTA平台顾客忠诚度的标准化路径系数是0.708，T=5.627，研究假设H4通过检验。

表 2-5　研究假设和检验

研究假设	假设路径	标准化路径系数	T	结果
H1	服务员工情绪智力→"顾客—服务提供商"关系质量	0.622	4.121**	支持
H2	服务员工情绪智力→"顾客—OTA 平台"关系质量	0.397	1.982*	支持
H3	"顾客—服务提供商"关系质量→"顾客—OTA 平台"关系质量	0.529	3.882**	支持
H4	"顾客—OTA 平台"关系质量→OTA 平台顾客忠诚度	0.708	5.627**	支持

注：***表示 p<0.001，**表示 p<0.01，*表示 p<0.005。

2.4.2.2　中介作用检验

在简单中介检验中，使用 Bootstrap 方法具有明显的优越性，将比因果逐步回归法更为科学和准确。因此，本章使用 Bootstrap 检验程序进行中介检验。为了进一步确认链式中介效应的存在，本章构建了并列中介效应的竞争模型与链式中介效应模型进行比较。两个模型的拟合优度指标如表 2-6 所示。竞争模型的 χ^2/df 为 6.045，CFI 和 TLI 均大于 0.90，SRMR 为 0.072，RMSEA 为 0.124，表明模型拟合性较差。而链式中介模型的 χ^2/df、CFI、TLI、SRMR 和 RMSEA 等拟合指数值均符合良好要求，且好于并列中介竞争模型参数。因此，链式中介效应的确存在。

表 2-6　中介效应竞争模型检验

模型	χ^2	df	χ^2/df	CFI	TLI	SRMR	RMSEA
链式中介模型	46.653	17	2.744	0.924	0.919	0.043	0.067
竞争模型（并列中介）	108.812	18	6.045	0.794	0.824	0.072	0.124

中介效应检验结果如表 2-7 所示，中介效应路径"服务员工情绪智力→'顾客—OTA 平台'关系质量→OTA 平台顾客忠诚度"的间接效应值为 0.324，占总效应的比例为 61.02%，表明"顾客—OTA 平台"关系质量在服务员工情绪智力和平台顾客忠诚度之间发挥了中介作用，研究假设 H5 通过检验。中介效应路径"服务员工情绪智力→'顾客—服务提供

商'关系质量→'顾客—OTA 平台'关系质量→OTA 平台顾客忠诚度"
的间接效应值为 0.103,占总效应的比例为 19.40%,表明"顾客—服务
提供商"关系质量和"顾客—OTA 平台"提供商关系同时在服务员工情
绪智力和 OTA 平台顾客忠诚度之间发挥了中介作用,研究假设 H6 通过检
验。由表 2-7 可知,总的间接效应和 2 个分间接效应置信区间均不包含 0
值,统计上都显著。

表 2-7 中介效应检验结果　　　　　　　　　　　单位:%

中介效应路径	间接 效应值	标准误 Boot SE	上限 Boot CI	下限 Boot CI	效应 比例
服务员工情绪智力→"顾客—OTA 平台"关系质量→OTA 平台顾客忠诚度	0.324	0.035	0.277	0.403	61.02
服务员工情绪智力→"顾客—服务提供商"关系质量→"顾客—OTA 平台"关系质量→OTA 平台顾客忠诚度	0.103	0.023	0.03	0.08	19.40
总中介效应	0.427	0.036	0.341	0.485	80.42
总效应	0.531	0.024	0.413	0.714	100.00

2.5　结论与讨论

2.5.1　研究结论与理论贡献

首先,本章研究表明服务员工情绪智力正向影响"顾客—服务提供
商"关系质量和"顾客—OTA 平台"关系质量,但服务员工情绪智力对
"顾客—服务提供商"关系质量的影响关系更强。因此,本章的研究假设
H1 和研究假设 H2 获得支持。这是由于实施服务补救的服务员工来源于
服务提供商,服务员工情绪智力对改善顾客与服务提供商的关系更加有

效。这不仅确认了服务员工情绪智力能提升服务提供商与顾客之间关系质量的结论（Daus 和 Rater，2001；Kernbach 和 Schutte，2005），而且进一步论证了 OTA 平台生态圈环境下的服务员工情绪智力对"顾客—服务提供商"关系质量、"顾客—OTA 平台"关系质量也会产生正向影响作用，从而深化和拓展了服务补救质量与关系质量之间关系的研究，有利于更好地解释服务补救效果影响机制。

其次，本章研究显示"顾客—服务提供商"关系质量对"顾客—OTA 平台"关系质量产生正向影响作用，"顾客—OTA 平台"关系质量正向影响 OTA 平台顾客忠诚度。因此，本章的研究假设 H3 和研究假设 H4 获得支持。本章这不仅确认了关于线下零售和在线零售中的关系质量对顾客忠诚度产生正向影响作用的结论（Wei 等，2021），还基于 OTA 平台生态圈环境进一步检验了不同关系质量类型之间的影响作用，以及"顾客—OTA 平台"关系质量对 OTA 平台顾客忠诚度的影响关系，从而丰富了关系质量和顾客忠诚度的研究内涵和适用情景，为更好地厘清和解释 OTA 平台生态圈服务补救中的不同关系质量类型之间的影响关系提供了理论和实证的依据。

最后，本章研究证实"顾客—OTA 平台"关系质量在服务员工情绪智力和 OTA 平台顾客忠诚度之间发挥了中介作用，"顾客—服务提供商"关系质量和"顾客—OTA 平台"关系质量在服务员工情绪智力和 OTA 平台顾客忠诚度之间发挥了中介作用。因此，本章的研究假设 H5 和研究假设 H6 也获得了支持。本章将关系质量的中介作用研究扩展到 OTA 平台生态圈服务补救领域，探讨了两种不同类型关系质量的中介作用，有利于更好地认识两种类型的关系质量在 OTA 平台生态圈服务补救中的中介作用，为进一步探讨 OTA 平台生态圈服务补救效果的中介作用机理提供了理论参考。

2.5.2　实践启示

首先，根据研究结论，服务员工情绪智力对"顾客—服务提供商"

关系质量和"顾客—OTA 平台"关系质量产生显著正向影响作用，显示出服务员工的情绪智力对改善服务失败后的各方关系质量具有重要作用。因此，服务企业要在服务员工招聘环节对应聘者进行情绪智力水平测试，测试内容可以采用当前权威的测量量表，并聘请心理专家主持水平测试工作。进行服务员工情绪智力等水平测试之后，服务企业再决定录用结果，保证招聘进来的服务员工具有较好的情绪智力水平，能较好地应对服务失败和服务补救工作。服务企业在每年要将服务员工情绪智力测试工作和健康体检一起进行。在日常工作中，服务提供商还需要在工作中采取一些必要措施提高对服务员工情绪智力进行引导和干预等。

其次，本章的实证分析显示，"顾客—OTA 平台"关系质量对 OTA 平台顾客忠诚度产生正向影响作用，而"顾客—服务提供商"关系质量对"顾客—OTA 平台"关系质量产生正向影响作用。可以发现，"顾客—服务提供商"关系质量是形成"顾客—OTA 平台"关系质量的基础，顾客与服务提供商之间关系的改善，能提高"顾客—OTA 平台"关系质量，存在一定的"爱屋及乌"效应。而当顾客与 OTA 平台的关系质量提升时，将直接提高 OTA 平台顾客忠诚度。因此，服务提供商在服务补救中要优化补救流程和服务补救策略，采取科学的补救方法平息顾客的不满，善于接近顾客，化"敌意"为"友好"，恢复和提高"顾客—服务提供商"关系质量。在此基础上，要引导顾客改善与 OTA 平台之间的关系，宣传OTA 平台的便利性和优惠措施，提高"顾客—OTA 平台"关系质量。

2.5.3　研究局限和展望

首先，本章仅从情绪智力的视角研究 OTA 平台生态圈的服务补救效果影响机制，但在 OTA 平台服务实践中，影响 OTA 平台生态圈服务补救的影响因素还有很多，如服务补救质量、感知公平、补偿方式、顾客情绪等。因此，未来应该扩展研究框架，进一步优化研究模型，从更多元化的层面对 OTA 平台生态圈服务补救效果影响机制进行研究。

其次，在问卷调查过程中，本章采用了一对一的配对调查的方式进行调研数据的收集，即先让一位服务员工填写问卷的第一部分，然后随机挑选该员工的一位顾客填写问卷的第二部分，主要是考虑统计上的有效性。但不排除我们挑选的某个顾客完全具有代表性。因此，在今后的研究中，应尝试分析一位服务员工配对多个顾客样本的数据收集，并分析与一对一配对调查的研究结果差异。

最后，本章探讨了服务员工情绪智力与"顾客—服务提供商"关系质量等变量之间的影响关系，但一些学者认为情绪智力还可以划分为情绪感知、情绪管理等不同的维度（Mayer 和 Salovey，2004）。今后应该细化服务员工情绪智力各维度的研究，关注情绪智力不同维度对相关变量的影响作用。同时，研究样本的年龄、性别、学历、职业等可能也会对关系质量和顾客忠诚等产生不同的影响作用，今后的研究应该考虑这些因素，这将对于 OTA 平台商业实践具有更大的指导价值。

第3章

基于感知风险和负面情绪的
OTA平台生态圈服务补救
效果影响机制研究

3.1 引言

网络时代的消费者对在线旅游存在巨大的需要，从而催生了在线旅行社（OTA 平台），并成为一种消费时尚（Pinto 和 Castro，2019）。OTA 最早开始于 1996 年成立的 Expedia（Ling 等，2014），现在已成为预订率最高的在线销售渠道。OTA 平台的主要功能是提供住宿以及与旅游相关的服务以获取佣金，通过整合产品和降低成本为消费者提供更为廉价的解决方案（Kim 等，2009）。从本质来看，OTA 平台是依托互联网平台提供在线咨询、评论和预订等服务的中介机构。由于通过 OTA 平台可以很容易地比较各个酒店的产品、价格、折扣、独立评论和照片，迎合了消费者多元化的需要偏好，OTA 平台得到了迅速的发展，并出现了一些著名的品牌，如 Priceline、Expedia、携程等。OTA 平台正在颠覆传统的旅游商业模式。因为传统的旅游商业模式是"顾客—服务提供商"二元互动模式，是酒店直接与顾客进行交易和提供服务，而 OTA 平台将传统的"顾客—服务提供商"二元互动模式的拓展为"顾客—OTA 平台—服务提供商"三元互动模式（Wei，2021）。因此"顾客—OTA 平台—服务提供商"形成了一个 OTA 平台生态圈。

然而，当前媒体报道的 OTA 平台生态圈服务失败事件层出不穷。例如，2020 年的国庆假期旅游火爆，一些中国的 OTA 平台及加盟的服务提供商（如酒店）成为消费者投诉的对象，如携程、去哪儿网、途牛等。杭州的韩先生就是一个遭遇 OTA 平台生态圈服务失败的游客。2020 年 10 月 1 日，韩先生通过某平台预订了三亚的一家酒店。2020 年 10 月 2 日，韩先生和家人到达酒店入住后，发现酒店的房间没有某平台承诺的那么大，卫生比较差，洗漱也不方便，因此韩先生提出退款要求。但酒店和某平台拒绝全额退款，只能退款 20%，且酒店服务人员态度傲慢，在争执中对韩先生进行了人身攻击，引起韩先生的愤怒。后来，韩先生通过消费者维权机构进行了投诉，并通过媒体进行曝光，对某平台和酒店的形象造成了负面影响。

从韩先生的 OTA 平台生态圈服务失败案例可以看出，服务失败已成为 OTA 平台和服务提供商（如酒店）挥之不去的"魔咒"，并使 OTA 平台生态圈的服务运营模式面临新挑战，迫切需要进行服务补救。特别要注意的是，在 OTA 平台生态圈情景下，服务失败具有负溢出效应，这在第 1 章已经进行了论述。即当服务供应商产生服务失败时，消费者不仅会抱怨服务供应商，还将迁怒于 OTA 平台，由此产生服务失败的负溢出效应。

当前研究一般认为服务失败是一种没有达到顾客期望的服务，是造成顾客不满意的接触环境（彭军锋和景奉杰，2006；Nikbin 等，2015）。当前文献对于网购服务补救质量测度体系（刘国魏和李闯管，2017），网购服务、服务补救与顾客二次满意及忠诚度的关系等进行了探讨（简兆权和 柯云，2017）。当前学术界也研究了口碑对旅行社服务补救效果的影响，且服务补救效果使用顾客满意和顾客忠诚进行衡量（Pai 等，2019），开发了旅行业服务失败和服务补救的实用手册（Inkson，2019），等等。但是，当前文献还缺乏 OTA 平台生态圈服务失败和服务补救方面的研究成果，因此无法全面解释和指导现实中的 OTA 平台生态圈的服务失败和服务补救问题，需要继续深入研究。

感知风险是心理学研究的衍生概念，是指消费者在购买产品或服务过程中感知到的不确定性和风险（Jeon 等，2020）。关于感知风险对负面情绪的影响，当前学术界已经有所探讨，如 Zheng 等（2019）、Mi 等（2019）、Yoon 和 Lee（2014），一般认为顾客的感知风险将强化其负面情绪。但是，当前研究还缺乏 OTA 服务失败和服务补救情景下的相关研究成果。企业声誉也具有可操作性，它可以影响顾客感知价值，进而影响消费者意向和决策行为（何学欢等，2018）。由于 OTA 平台本质是依托互联网平台提供在线咨询、评论和预订等服务的中介机构，也是一种在线平台。随着互联网服务的兴起，一些研究者对在线平台的声誉进行研究，如

Olavarria-Jaraba 等（2018）、李玉萍（2014）、赵延昇和王仕海（2012）。在服务补救情景下，OTA 平台的企业声誉是否会在一些变量之间起到调节作用，当前研究还缺乏探讨。

　　本章基于服务失败的负溢出效应，使用情景实验的方法进行实证分析，创新性地将感知风险、负面情绪、企业声誉引入 OTA 平台生态圈服务补救效果影响机制研究之中。具体而言，本章将探讨顾客的感知风险对负面情绪和服务补救满意度的影响关系，负面情绪对服务补救满意度的影响关系以及服务补救满意度对顾客忠诚度的影响关系，并验证企业声誉在感知风险与服务补救满意度之间的调节作用。本章有助于拓展 OTA 平台生态圈服务补救研究的视野，以更好地解释 OTA 平台生态圈服务补救效果的影响机制，提高整个生态圈的服务补救效果，促进 OTA 平台生态圈商业模式健康发展，给社会和顾客带来更多的价值。

3.2　文献综述和研究假设

3.2.1　OTA 平台

　　Rianthong 等（2016）认为互联网技术的发展已深刻地改变了游客预订方式，在线预订渠道获得巨大发展，包括在线旅行社（OTA 平台）。OTA 平台最早开始于 1996 年成立的 Expedia（Ling 等，2014），其后 OTA 平台在全世界得到了迅速的发展。OTA 平台通过网站、移动设备、App 和呼叫中心，为消费者浏览、购买旅游服务和分享旅游信息提供了有效的平台，是营销、搜索和预订的工具，通过管理饭店客房预订赚取旅游市场份额（Sheng，2019）。从本质来看，OTA 平台是依托互联网平台提供在线咨询、评论和预订等服务的中介机构。在酒店业和旅游业，OTA 平台通过网络分销渠道扮演了关键角色，为消费者提供更具吸引力的产品

（Kim 和 Lee，2004）。OTA 平台深刻地改变了消费者的旅游购买方式，具有巨大的发展潜力，传统的旅游企业也不断加强与其合作，以满足旅游者需求（Sheng，2019）。

OTA 平台有助于提高酒店的知名度，从而增加了旅行者的兴趣和入住率（Ling 等，2015）。OTA 平台在构建饭店声誉方面发挥了重要作用，香港唯港荟饭店成功因素之一就是在其开业初与 OTA 紧密合作，扩大了促销范围（Tony，2019）。但也有学者对此有不同看法，认为 OTA 平台产生的价值很小，但它获取了大量本应当属于酒店的收入（Green 和 Loman-no，2012）。对于消费者而言，通过在线旅行社预订旅游服务具有几个优势：使用便利、价格低、节约时间、舒适、服务产品多样化（Pappas，2017；Hao 等，2015；Liu 和 Zhang，2014）。"顾客—OTA 平台—服务提供商"三元互动模式在实践中初步形成了个 OTA 平台生态圈，这是特殊的旅游商业模式（Wei 等，2023）。但是，当前还缺乏对 OTA 平台生态圈服务失败和服务补救的探讨，而实践迫切需要学术界对这一课题进行深入研究，以提高 OTA 平台生态圈商业模式良性发展。

3.2.2 服务失败与服务补救

服务失败是指在服务过程中，服务企业所提供的服务没能达到顾客可接受的最低标准，不能满足顾客的要求和期待而导致顾客产生不满意情绪的结果（Chaouali 等，2020）。从顾客期望视角来看，服务失败是一种没有达到顾客期望的服务，是造成顾客不满意的接触环境（彭军锋和景奉杰，2006；Nikbin 等，2015）。自 20 世纪 80 年代以来，服务失败就引起学者的关注，学者们就服务失败的定义、分类、产生原因、影响因素和后果等方面进行了广泛探讨，丰富了服务失败研究（Bitner 等，1990；Maxham，2001；Sven 等，2015；刘凤军等，2019）。

企业的服务失败发生后，为了修复形象和挽回损失，迫切需要服务补救。服务补救是针对服务失败而采取的行动，也是企业为使服务达到顾客预期而做的努力工作（钟天丽等，2011）。一些学者探讨了服务补救策

略，认为要对服务失败进行确认、评价、解释、道歉和赔偿，以提高服务
补救满意度（Wei 等，2022）。Heejung（2012）认为，服务补救要考虑顾
客的个性特征和偏好，如针对顾客的学历、年龄和偏好等采取不同的服务
补救策略。服务补救满意度影响机制是研究热点，当前文献关注了顾客不
当行为、时间感知、文化差异、顾客心理契约违背、经济补偿和情感补偿
等对服务补救后顾客满意的影响作用（Valenzuela 和 Cooksey，2014；Al-
brecht 等，2017）。

　　总的来看，当前对服务失败和服务补救的研究是比较活跃的，为本书
研究奠定了理论基础。但是，当前文献还缺乏 OTA 平台生态圈服务失败
和服务补救方面的研究成果，需要继续深入研究。

3.2.3　感知风险和负面情绪

　　情绪是心理学的概念，是指个体在外界刺激下对特定的对象的反应。
顾客情绪是消费过程中产生的一系列相关情感反应的综合（贾薇和赵哲，
2018）。Westbrook 和 Oliver（1991）较早提出将顾客情绪划分为 5 个维
度，即愉快的惊讶、不愉快的惊讶、生气、高兴、难过或冷漠。当前大多
学者将情绪划分为正面情绪和负面情绪，正面情绪包括个体处于一种高度
能量激活、聚精会神、快乐、投入等状态，而负面情绪包括个体的愤怒、
埋怨、沮丧、后悔和无助等状态（Berry 等，2010；Jaeger 等，2018）。
Liljander 和 Strandvik（1997）通过实证研究表明，顾客在服务中体验到不
同的正面情绪和负面情绪，这些情绪影响着顾客满意度，其中，负面情绪
对顾客满意度的影响很大。Ou 和 Verhoef（2017）探讨了正面情绪与负面
情绪对忠诚意愿的增量影响，这两种情绪对忠诚意愿的影响是递增的，且
积极情绪削弱了正联系（负交互作用）。Khatoon 和 Rehman（2021）认为
消费者对一个品牌的负面情绪可以直接转化为针对它的行动，例如，传播
负面的口碑和报复。

　　感知风险是心理学研究的衍生概念，是指消费者在购买产品或服务过
程中感知到的不确定性和风险（Jeon 等，2020）。感知风险具有主观性，

无论产品或服务实际风险有多大，如果不被消费者感知到，都不会对其消费行为产生影响（王宗润等，2018）。崔保军（2015）认为感知风险存在于身体、性能、财物、时间、社会、心理六个方面。在网购情景下，由于网络环境虚拟性的特点，消费者的网购行为往往面临更多的感知风险。有学者感知风险划分为信息感知风险、交易感知风险、配送感知风险和售后感知风险（王蓉，2020），也有学者将感知风险划分为财务风险、功能风险、时间风险和隐私风险（任俊玲等，2019）。对于感知风险影响因素的研究，Byun 和 Ha（2016）探讨了网购行为中的信息有用性、来源可信度、感知风险、冲动性购买与购买意图之间的关系，研究显示信息有用性对感知风险有负向影响。任俊玲等（2019）认为，在网购情景下，卖家声誉、产品质量、网站建设等因素显著负向影响感知风险中的财务风险、功能风险和时间风险；物流支持显著负向影响感知风险中的财务风险、功能风险、时间风险以及隐私风险。

对于风险感知对负面情绪的影响，当前学术界已经有所探讨。Zheng 等（2019）通过对汶川地震灾区的实证研究，发现受灾地区居民的感知风险将提升负面情绪。有研究者探讨了风险认知对公寓式酒店后续行为的影响，研究显示公寓式酒店的感知风险会对负面情绪和信任产生显著的正向和负向影响。Lee 和 Jung（2015）对网络购物中的感知风险与负面情绪的关系进行了探讨，矿究显示顾客的感知风险将提升顾客的负面情绪。当 OTA 平台生态圈发生服务失败时，如受到服务人员威胁、不能退款等，顾客在精神和金钱上发生了损失，顾客的感知风险由此产生。从而会增强顾客的负面情绪，包括愤怒、埋怨、沮丧、后悔和无助等。因此，本章提出以下研究假设：

H1：感知风险对负面情绪产生显著的正向影响关系。

3.2.4　服务补救满意度

自 20 世纪 60 年代以来，顾客满意一直作为服务研究的热点问题。当前对顾客满意的界定主要有两种视角。特定视角的顾客满意认为顾客满意是顾客在特定情境下对消费后所获得价值满意程度而做出一种即时情绪反应；而整体视角的顾客满意认为顾客满意是一种由顾客态度形成的，以经验为基础的整体性态度（Woodside 等，1989）。结合本书的特点，本章采用特定视角的顾客满意界定，认为服务补救满意度是对即时服务补救的实际感知效果高于服务补救预期的一种感觉状态，它最突出的特点是服务补救特定情景的顾客满意，是一种"二度满意"。

关于感知风险与顾客满意度、服务补救满意度的关系，当前学术界已有所研究。王凤华等（2017）以中国移动通信行业的顾客作为研究样本，研究证实顾客的感知风险将降低顾客满意度，而顾客参与降低顾客的风险感知。姚亚男和邓朝华（2017）通过对在线医疗健康网站的实证研究认为，感知风险的两个维度包括财务风险和时间风险，而财务风险和时间风险都对顾客满意度产生负向影响关系。Hsieh 和 Tsao（2014）研究认为，在网络环境下，用户感知风险对用户满意度有显著的负向影响，感知风险越高，用户满意度就越低。Scridon 等（2020）对罗马尼亚市场进行了实证研究，研究结果表明，顾客的感知风险对顾客满意度和顾客忠诚都有显著的负向影响，从而最终影响企业的利润。Chang 和 Hsiao（2008）对酒店的服务补救进行了实证研究，认为在服务补救中，感知风险将降低顾客价值，而顾客价值的降低必然降低顾客满意度。但是当前文献还缺乏对OTA 平台服务补救情景下的感知风险与顾客满意之间关系的研究。在OTA 平台生态圈服务补救情景下，如果顾客的感知风险提高，将降低顾客满意度；反之，如果顾客的感知风险降低，将会提升顾客满意度。因此，本章提出以下研究假设：

H2：感知风险对服务补救满意度产生显著的负向影响关系。

Westbrook 和 Oliver（1991）研究了情绪对满意度之间的关系，认为顾客正面情绪将对满意度起到正向影响作用，而负面情绪对满意度起到反向作用。Yoon 和 Lee（2014）通过对韩国首尔元宵节的游客进行了现场调查研究，使用结构方程模型进行了分析，研究结果表明感知风险对消极情绪产生正向影响，而消极情绪将降低顾客满意度。在服务补救情景下，杜建刚和范秀成（2012）以传统的餐饮业为研究对象，通过模拟实验的方法对情绪与服务补救满意度的关系进行了探讨，研究结果显示，顾客的负面情绪与服务补救满意度呈负相关。在 OTA 平台生态圈服务补救的情景下，顾客的负面情绪越大，其服务补救满意度越小。因此，本章提出以下研究假设：

H3：负面情绪对服务补救满意度产生显著的负向影响关系。

3.2.5　企业声誉

声誉在商业中会产生重要作用，良好的声誉可为企业带来较高的声誉收益，吸引更优秀的员工，降低成本，获得价格优势，降低企业风险等（董晓舟，2015）。企业声誉也具有可操作性，它可以影响顾客感知价值，进而影响消费者意向和决策行为，帮助企业从其他方面转换或获得有利因素（何学欢等，2018）。随着互联网服务的兴起，一些研究者对在线平台的声誉进行研究。Olavarria-Jaraba 等（2018）认为，由于缺乏健全的网络监管和社会信用体制，如果借款人的违约行为未得以及时得到遏制，在线平台声誉风险就会增加。良好声誉的 P2P 在线平台具有收取较高的服务费用的条件，是保证 P2P 市场有效性的重要机制，是提高资金借贷服务水平、建立和维护在线平台声誉的有效激励（何学欢等，2018；Olavar-ria-Jaraba 等，2018）。

OTA 平台本质是依托互联网平台提供在线咨询、评论和预订等服务的中介机构，也是一种在线平台。当前文献虽然对于在线平台服务补救绩效中的影响机制的研究还很缺乏，但也有少量的相关研究。有研究文献认为，在线平台企业可通过电子口碑的社会讨论成为在线平台声誉的集体信号，从而驱动顾客需求，且在线平台声誉的建立能够维持长期心理契约关系和声誉（李玉萍，2014）。在线平台买家感知的在线平台声誉信息可信度对声誉信息的使用水平和网购金额产生正向影响（赵延昇和王仕海，2012）。在 OTA 平台生态圈服务补救情景下，如果 OTA 平台具有良好的企业声誉，将能增加顾客的信任感和满足感，即有助于增强服务补救。因此，本章提出以下研究假设：

H4：企业声誉在感知风险对服务补救满意度的影响关系中起正向调节作用。

3.2.6　顾客忠诚度

顾客忠诚是顾客对其所偏爱企业或品牌的深刻承诺，在未来持续一致地重复购买，而不管情境或营销力量的影响如何，不会产生转换行为（Oliver，1999）。忠诚的顾客是企业取得竞争优势的源泉，是企业发展的重要保障。在维度研究方面，顾客忠诚可划分为认知成分、情感成分和行为、重构意愿、重复购买、向他人推荐、关注度等维度。网络购物环境下，学术界研究结合传统顾客忠诚驱动因素和网络购物环境来对网购的顾客忠诚度进行了研究。Luarn 和 Lin（2003）研究了网购忠诚形成驱动因素，认为顾客信任、顾客满意和顾客感知价值对顾客忠诚存在正向的影响关系。于坤章等（2008）以传统服务业为研究对象，选取长沙、杭州、广州等 7 个城市的顾客样本进行实证研究，发现服务补救满意度对顾客忠诚度存在显著正向影响关系。在 OTA 平台生态圈服务补救的情景下，当顾客对 OTA 的服务补救感到满意时，必将产生行为忠诚和态度忠诚。因此，本章提出以下研究假设：

H5：服务补救满意度对顾客忠诚度产生显著的正向影响关系。

从以上分析和假设关系可以看出，在 OTA 平台生态圈服务补救的情景下，顾客的感知风险对服务补救满意的影响关系是通过负面情绪而发挥影响作用的，负面情绪在感知风险和服务补救满意度之间发挥了中介效应。顾客的感知风险还会通过负面情绪、服务补救满意度两个变量对顾客忠诚度产生影响作用，负面情绪和服务补救满意度在感知风险和顾客忠诚度之间发挥了中介效应。因此，本章提出以下 2 个中介效应的研究假设：

H6：服务补救满意度在感知风险与顾客忠诚度之间发挥了中介效应。

H7：负面情绪和服务补救满意度在感知风险与顾客忠诚度之间发挥了中介效应。

基于上述 7 个研究假设，本章提出了研究模型，如图 3-1 所示。

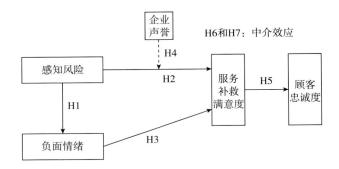

图 3-1　本章的研究模型

3.3　研究设计

3.3.1　实验设计

本章主要探讨 OTA 平台生态圈服务失败发生后，顾客感知风险和负面情绪对服务补救效果的影响机制。如果采用问卷调查的方法，只能请被调查者回忆服务失败和服务补救经历来填写相关内容，结果可能存在较大的记忆偏差（recall bias），影响研究结果的准确性。相较之下，基于情景描述的实验法的内部效度更高。在借鉴杜建刚和范秀成（2012）、Poggi 和 D'Errico（2010）实验研究方法的基础上，结合本书的特点，决定采用情景实验法进行实证研究。

为了提高情景实验的外部效度，情景实验材料来自中国媒体报道的OTA 平台生态圈服务失败事件。同时，本章也参考了文化和旅游部公布的在线旅游投诉事件，进行了适度改编，以更加适合进行情景实验研究。

服务补救情景设计为 2（高感知风险 VS. 低感知风险）×2（高负面情绪 VS. 低负面情绪）×2（高企业声誉 VS. 低企业声誉），共 8 种情景。为了避免因顾客与真实的 OTA 平台的既有关系而造成的混杂效应，实验情境中 OTA 平台的品牌以及酒店名称、旅游线路名称均为虚构。实验情景分为三个部分：

第一部分，描述顾客的感知风险。①在高感知风险的实验条件下，描述了该 OTA 平台安排顾客入住的酒店位置不佳，房间设施条件和卫生状况也比较差，与 OTA 平台上的介绍不符，顾客要求退款，而 OTA 平台和酒店拒绝退款。在交涉过程中，酒店服务人员的服务态度也较差，对顾客进行语言攻击，随后，顾客对 OTA 平台和酒店进行了投诉。②在低感知风险的实验条件下，描述了该 OTA 平台安排顾客入住了酒店，酒店的房间设施条件与 OTA 平台上的介绍基本相符，但对酒店位置、卫生等状况不是很满意，认为价格比较高。顾客没有对 OTA 平台进行投诉。

第二部分，描述顾客的负面情绪。①在高负面情绪的实验条件下，描述了该 OTA 平台安排顾客入住的酒店位置、房间设施条件和卫生状况较差，服务人员的服务态度也较差，甚至对顾客进行语言攻击。顾客感到非常愤怒、沮丧、后悔和无助，负面情绪非常明显。②在低负面情绪的实验条件下，描述了该 OTA 平台安排顾客入住酒店后，虽然房间设施条件与 OTA 平台上的介绍基本相符，但对酒店位置、房间卫生等状况有些不满意。总体来看，顾客的负面情绪的程度没有那么强烈，只是轻微的负面情绪，如对服务细节的轻微的埋怨和后悔，认为这是运气不佳造成的。顾客没有出现严重的愤怒和沮丧等负面情绪。

第三部分，描述 OTA 平台的企业声誉。①在高企业声誉的实验条件下，描述了该 OTA 平台享有很高知名度和美誉度，其服务质量具有很好的口碑，受到顾客和公众的欢迎。②在低声誉的实验条件下，描述了该 OTA 平台虽然具有一定的知名度，但美誉度不高，媒体上经常有该 OTA 平台服务失败的报道，受到顾客和公众欢迎程度比较低。

在情景实验中，研究设计的服务补救情景是 2（高感知风险 VS. 低感知风险）×2（高负面情绪 VS. 低负面情绪）×2（高企业声誉 VS. 低企业声誉），共 8 种场景。要求被试者把个人置于某个情景之中，研究者对各种情景进行讲解，引导被试者想象在该 OTA 平台生态圈服务失败和服务补救情景下，他们作为顾客的感受和反应。随后，研究者指导被试者填写情景实验的问卷。

3.3.2 变量测量

本章的测量变量包括感知风险、负面情绪、企业声誉、服务补救满意度、顾客忠诚度。为确保 5 个变量测量的针对性和科学性，本章采用了权威文献的相关量表，并根据 OTA 平台生态圈的服务补救情景进行了相应的修改。

本章的感知风险的测量借鉴了李宝玲和李琪（2007）、Lee 和 Moon（2015）的量表，设置了 8 个题项。在开发负面情绪的量表中，本章邀请了 7 位有 OTA 平台服务失败和补救经历的中国居民，让他们说出在 OTA 平台服务补救情景下的相关负面情绪词汇，然后计算这些词汇出现的频率并进行排序，形成最初的负面情绪量表。在此基础上，本章参考 Baron 等（2005）、方淑杰等（2019）的情绪测量量表，最终负面情绪的变量设置了 5 个题项。企业声誉量表参考了 Ponzi 等（2011）、汪旭晖和郭一凡（2018）的研究成果，设置了 5 个题项。服务补救满意度的测量借鉴 Bhatta 和 Premkumar（2004）、Ribbink 等（2004）的顾客满意量表，并结合 OTA 平台服务失败和服务补救的特点进行了修改，设置了 5 个题项。顾客忠诚度的测量借鉴 Zeithaml 等（1996）编制的顾客忠诚度量表，设置了 4 个题项，测量内容包括顾客行为忠诚和顾客态度忠诚两个方面。

在此基础上，本章还邀请了 15 位具有 OTA 平台生态圈服务经历的市民、4 位心理学和管理学方面的研究者对问卷初稿的文字内容、表达方式等进行修正，修正了问卷中语意模糊、表述不清晰等情况。以上 5 个变量的所有题项都采用 Likert5 点尺度进行测量，5 个选项包括"非常符合、符合、基本符合、不太符合、不符合"。

3.3.3　预实验

在实施正式实验之前，为了保证实验情景的信度以及实验操纵的有效性，研究者对在校大学生进行了预实验。大学生是作为志愿者参与预实验的。预实验之所以使用内部一致性较高的大学生群体，是因为大学生具有好奇心，容易接受新生事物，是 OTA 平台生态圈消费的活跃群体，对 OTA 平台生态圈运作和消费过程比较了解，以大学生作为实验样本，将具有较好的参考价值。非常感谢专家的建议。

有 82 名有过 OTA 平台生态圈消费经历的在校大学生参加预实验，其中女生 39 人，占比为 47.6%，男生 43 人，占比为 52.4%。研究者对问卷数据进行了独立样本 T 检验。检验结果显示，实验情景的可信度比较高（均值为 3.83，李克特 5 点尺度），被试者对不同实验情景下的感知风险、负面情绪和企业声誉的评价与实验设计一致。在高感知风险实验条件下，被试对 OTA 平台生态圈服务失败的感知风险更高（$M_{高感知风险}$ = 4.46，$M_{低感知风险}$ = 2.97，T = 2.943，DF = 54，p < 0.01）。在高负面情绪的实验条件下，被试对 OTA 平台生态圈服务失败的负面情绪更强（$M_{高负面情绪}$ = 4.48，$M_{低负面情绪}$ = 3.29，T = 2.819，DF = 73，p < 0.01）。在高企业声誉的实验条件下，被试对 OTA 平台的企业声誉评价更高（$M_{高企业声誉}$ = 4.62，$M_{低企业声誉}$ = 3.37，T = 2.311，DF = 62，p < 0.05）。以上的预实验的独立样本 T 检验结果说明，感知风险、负面情绪和企业声誉的变量操控成功。

3.3.4　正式实验

2022 年 10 月，本章对桂林市、南宁市和柳州市的市民，阳朔县的农民进行了正式实验。正式实验由研究者、4 名大学生志愿者、12 名社区和村委会工作人员组成。正式实验通过以下两个途径征集被试者：一是与桂林市、南宁市和柳州市的社区（中国城市的基层管理组织）合作，通过社区的社交平台（QQ 群和微信群）征集实验样本，要求被试者具有 OTA

平台生态圈的服务购买经历。二是与阳朔县的村委会（中国农村的基层管理组织）合作，通过村委会的社交平台（QQ 群）征集被试者，要求被试者具有 OTA 平台生态圈的服务购买经历。

由于被试者的分散居住在不同区域，正式实验是分 8 次完成的。本章设计的服务补救情景是 2（高感知风险 VS. 低感知风险）×2（高负面情绪 VS. 低负面情绪）×2（高企业声誉 VS. 低企业声誉），共 8 种情景。在每次实验中，研究者对各种情景进行讲解，要求被试者选择其中一种情景，认真看完自己所处情景的文字描述，并将个人置于该情景下。研究者引导被试者想象在该 OTA 平台生态圈服务失败和服务补救的某种情景下，他们作为 OTA 的顾客的感受和反应。随后，研究者指导被试者填写情景实验的问卷。为提高问卷填写质量，研究者进行了必要的填写指导。同时，为保证填写效果，尊重个人隐私，让被试者尽量在自由的私人空间完成填答。

正式实验着力解决社会称许性偏见（Desirability Bias）问题。学者们认为发生社会称许性偏见主要有以下三个原因：一是被测试者本身具有较高的社会称许性；二是测验情境激发了被测试者的社会称许性偏见；三是题项本身引起的社会称许性偏见（Paulhus 等，2002）。在本实验中，被试者涉及普通市民和农民，他们没有较高的社会称许性，会基于事实进行比较客观的评价。调查问卷的引导语也没有社会称许性进行引导。我们也对题项表述进行了优化，防止出现社会称许性偏见。在测试前，我们告诉被试者本调查问卷的填答是匿名的，不会泄露隐私，让他们放心和客观地进行填写。

调查过程中会有许多因素导致抽样样本中部分个体的缺失或无回应，使最终的有效样本只是调查样本的一部分（Smironva 等，2019）。因此，正式实验也着力解决实验过程中的无回应偏见问题（Non-response Bias）。首先，通过社区和村委会征集被试者时，要求被试者是选择自愿参加实验，并有 OTA 平台生态圈的服务购买经历，极大地降低了无回应反应。其次，在正式实验中，我们对被试者进行了培训，告知了实验操作流程和问卷填答方法等，提高了问卷填答的准确率，避免了无回应偏见问题。

正式实验共回收问卷 388 份，剔除不完整问卷及答案前后矛盾的问卷，有效问卷为 355 份，有效率为 91.49%。样本分布情况如表 3-1 所示。

表 3-1　样本分布情况　　　　单位：人，%

一级指标	二级指标	样本量	百分比	一级指标	二级指标	样本量	百分比
性别	男性	172	48.45	学历	高中及以下	121	34.08
	女性	183	51.55		大学专科	123	34.65
来源	桂林市	104	29.30		大学本科	78	21.97
	南宁市	86	24.23		硕士及以上	32	9.01
	柳州市	77	21.70	职业	企业人员	74	20.85
	阳朔县	47	13.24		专业技术人员	61	17.18
	鹿寨县	41	11.55		个体户	54	15.21
年龄	25 岁及以下	95	26.76		公务员	23	6.48
	26~35 岁	103	29.01		学生	42	11.83
	36~59 岁	127	35.77		农民	68	19.15
	60 岁及以上	30	8.45		其他	33	9.30

3.4　数据分析

3.4.1　信度与效度检验

Cronbach's α 系数是衡量调查问卷数据信度的指标，Cronbach's α 要求大于 0.70 的门槛值，Cronbach's α 系数值越高，则说明调查问卷内部的一致性越强，信度越高（Nunnally 和 Bemstein，1994；Hair 和 Black，2006）。如表 3-2 所示，所有变量的 Cronbach's α 系数值在 0.741~0.882

之间，均大于 0.70 的门槛值，说明调查问卷的内部一致性达到要求，调查问卷信度通过检验。

表 3-2　信度和效度检验

变量	测量题项	因子载荷	T 值	Cronbach's α	CR	AVE
感知风险	该 OTA 可能伪造了信用记录	0.783	3.481	0.882	0.921	0.597
	投诉没能获得及时处理	0.761	4.827			
	我的付款不能退回	0.691	2.959			
	服务人员态度差	0.903	4.724			
	我担心将浪费很多时间	0.731	3.765			
	我担心个人信息被滥用	0.843	5.236			
	周围的人可能对我评价降低	0.789	6.382			
	服务失败使我心情难受	0.649	2.168			
负面情绪	服务失败使我失望	0.812	2.996	0.769	0.863	0.560
	服务补救没有消除我的抱怨	0.636	3.289			
	我对该 OTA 感到愤怒	0.783	6.032			
	我对该酒店感到愤怒	0.824	3.664			
	我对选择该 OTA 而懊悔	0.666	3.072			
企业声誉	该 OTA 是值得信赖的	0.905	6.137	0.857	0.902	0.650
	周围人曾向我推荐该 OTA	0.893	7.195			
	该 OTA 具有良好的口碑	0.782	5.396			
	该 OTA 的负面报道很少	0.728	4.214			
	该 OTA 是我生活的好伙伴	0.673	2.797			
服务补救满意度	我对服务补救时机满意	0.677	2.825	0.741	0.839	0.513
	我对服务补救方式满意	0.779	2.821			
	服务补救解决我的问题	0.833	5.264			
	服务补救达到我的心理预期	0.626	6.259			
	我对服务人员感到满意	0.643	3.998			
顾客忠诚度	我将继续购买该 OTA 平台的服务	0.872	7.223	0.809	0.848	0.585
	我将推荐人使用该 OTA 平台	0.739	3.262			
	我将成为该 OTA 平台的粉丝	0.801	7.298			
	该 OTA 平台使我有归属感	0.627	4.465			

本章在信度分析的基础上，分析了调查问卷的效度。在内容效度方面，调查问卷的所有题项参考已发表的权威期刊，广泛参考了具有OTA平台生态圈服务失败和补救经历的中国居民的意见，并结合OTA平台生态圈服务补救情景进行了调整，说明调查问卷题项的具有较好的内容效度。收敛效度如表3-2所示，所有题项的标准化载荷载系数均大于0.50，T值也均大于1.96的门槛值，5个变量的组合信度（CR）值均大于0.70，且平均提炼方差（AVE）均大于0.50，符合Hair和Black（2006）、吴明隆（2010）关于收敛效度的检验标准，因此通过了收敛效度检验。

判别效度检验如表3-3所示，5个变量的平均提炼方差（AVE）的平方根值都大于该变量与其他变量之间的相关系数，根据吴明隆（2010）的区别效度标准，说明调查问卷有较好的区别效度，区别效度通过检验。在建构效度的检验方面，研究模型拟合度的测量值如表3-4所示，χ^2/df为2.752，CFI和TLI分别为0.945和0.942，SRMR为0.039，RMSEA为0.058。根据吴明隆（2010）的良好模型标准，χ^2/df要小于5，CFI和TLI要大于0.90，SRMR要小于0.05，RMSEA要小于0.1，因此研究模型的以上各指标均达到了良好模型的标准，问卷的建构效度通过了检验。

表3-3　判别效度检验

变量	1	2	3	4	5
感知风险	0.773	—	—	—	—
负面情绪	0.597	0.776	—	—	—
企业声誉	−0.194	−0.186	0.806	—	—
服务补救满意度	−0.358	−0.322	0.412	0.716	—
顾客忠诚度	−0.213	−0.303	0.314	0.589	0.765

注：对角线上值为AVE的平方根，其他数据为对应变量之间的相关系数。

表3-4　研究模型拟合度

拟合指数	χ^2	df	χ^2/df	CFI	TLI	SRMR	RMSEA
指数值	308.215	112	2.752	0.945	0.942	0.039	0.058

3.4.2　直接影响关系检验

本章使用SPSS22.0软件进行多层次回归分析,以进行直接影响关系检验和调节作用检验。在进行多层次回归分析之前,对自变量和调节变量作中心化分析处理,以避免产生多重共线性。本章的方差膨胀因子(VIF)的计算结果显示,VIF在2.072~3.382,低于经验值10,表明研究模型中不存在多重共线性问题。

本章通过构建模型1和模型2对感知风险与负面情绪之间的直接影响关系进行检验。如表3-5所示,模型1是控制变量对负面情绪进行回归。研究结果显示,年龄与负面情绪存在较弱的负向影响作用,而性别、来源地区等控制变量与感知风险之间的影响作用在统计上不显著。模型2显示感知风险对负面情绪的存在显著的正向影响作用($\beta = 0.697$,$p < 0.01$)。同时,模型1和模型2均通过F检验,且模型2的ΔR^2大于零,显示模型的解释力度逐渐增强。因此,研究假设H1通过检验。

表 3-5　多层次回归分析

变量	负面情绪			服务补救满意度		顾客忠诚度		
	模型 1	模型 2	模型 3	模型 4	模型 5	模型 6	模型 7	模型 8
截距	3.032 * (0.044)	2.839 ** (0.032)	3.566 * (0.027)	2.681 * (0.089)	2.929 * (0.075)	3.528 * (0.109)	2.434 ** (0.046)	3.633 ** (0.113)
控制变量								
性别	0.091	−0.022	0.091	0.014	0.011	0.122	0.023	0.044
来源地区	0.012	0.017	0.018	0.027	0.008	0.031	0.021	0.023
年龄	−0.103 *	−0.096	−0.073	−0.241	−0.111	−0.019	−0.099	−0.066
学历	0.028	0.024	−0.043 *	0.208 *	0.016	0.035 *	0.031	0.011 *
职业	0.018	0.013	−0.012	0.102	0.021	0.025	0.017	0.039 *
自变量								
感知风险	—	0.697 **	—	−0.589 *	—	0.499 *	—	—
负面情绪	—	—	—	—	−0.665 **	—	—	—
服务补救满意度	—	—	—	—	—	—	—	0.708 **

续表

变量	负面情绪			服务补救满意度		顾客忠诚度		
	模型 1	模型 2	模型 3	模型 4	模型 5	模型 6	模型 7	模型 8
调节变量								
企业声誉	—	—	—	—	—	0.318*	—	—
交互项								
感知风险×企业声誉	—	—	—	—	—	0.217*	—	—
R^2	0.041	0.242	0.053	0.137	0.324	0.302	0.049	0.132
ΔR^2	—	0.073	—	0.102	0.239	0.083	—	0.225
F	4.203**	2.807**	3.279**	1.986*	3.229**	2.906**	2.154*	2.652**

注：***表示 $p < 0.001$，**表示 $p < 0.01$，*表示 $p < 0.05$。

感知风险、负面情绪对服务补救满意度的直接影响关系通过构建模型 3、模型 4 和模型 5 检验进行检验。首先，将控制变量纳入模型 3 中，显示学历与感知风险存在较弱的负向影响作用，其他控制变量与感知风险的影响作用在统计上不显著。其次，按照逐层纳入的方法，将感知风险纳入模型 4 中，结果显示感知风险对服务补救满意度存在显著的负向影响作用（$\beta = -0.589$，$p < 0.05$），因此研究假设 H2 通过检验。在此基础上，将负面情绪纳入模型 5 中，结果显示负面情绪对服务补救满意度有显著的负向影响作用（$\beta = -0.665$，$p < 0.01$），研究结果支持研究假设 H3。

本章为了检验服务补救满意度对顾客忠诚度的影响关系，构建模型 7 和模型 8。首先，将控制变量纳入模型 7 中，显示学历、年龄等控制变量对在顾客忠诚度的负向影响作用在统计上并不显著。其次，将服务补救满意度纳入模型 8 中，研究结果显示服务补救满意度对顾客忠诚度有显著的影响作用（$\beta = 0.708$，$p < 0.01$），研究结果支持研究假设 H5。

3.4.3 调节作用检验

本章的调节作用检验也是通过多层次回归分析进行的。在表 3-5 的模型 6 中，对企业声誉在感知风险与服务补救满意度之间的调节作用进行了检验。从多层次回归结果发现，感知风险与企业声誉的交互项系数为正，且在统计上显著（β=0.217，p<0.05），说明在 OTA 平台生态圈服务补救中，企业声誉在感知风险对服务补救满意度之间的影响关系中起到正向调节作用，研究结果支持研究假设 H4。

为了更清楚地展示企业声誉在感知风险与服务补救满意度之间的调节作用，本章绘制了调节效应图，如图 3-2 所示。本图中的简单斜率检验结果显示，当企业声誉较低时，感知风险对服务补救满意度产生较强的负向影响作用（β=-0.728，p<0.05）。而当企业声誉较高时，感知风险对服务补救满意度产生较弱的负向影响作用（β=-0.316，p<0.05）。因此，在 OTA 的企业声誉降低了感知风险对服务补救满意度的负向影响作用，起到正向调节作用，研究假设 H4 得到进一步验证。

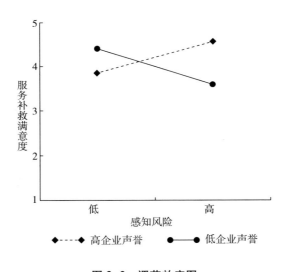

图 3-2 调节效应图

3.4.4 中介效应检验

因为本章的中介检验属于简单中介检验，而这类中介检验使用 Bootstrap 方法具有明显的优越性，将比因果逐步回归法更为科学和准确

（Preacher 等，2007）。因此，本章将使用 Bootstrap 检验程序进行中介检验。使用这一方法的基于的考虑是本章的抽样并不符合正态分布，而Bootstrap 方法也不需要假设抽样的正态分布，它是通过多次的反复抽样来估计间接效应和抽样分布状况，并按照分布特征来估计间接效应的置信区间（吴明隆，2010；Preacher 等，2007）。

　　本章构建了竞争模型与链式中介效应模型，其目的是进一步确认链式中介效应的存在。表 3-6 显示了竞争模型与链式中介效应模型的拟合度指标。根吴明隆（2010）的观点，良好模型的标准是 χ^2/df 要小于 5，CFI和 TLI 要大于 0.90，SRMR 要小于 0.05，RMSEA 要小于 0.1。如表 3-6所示，竞争模型的 χ^2/df 为 6.363，其他拟合度指标也没有达到良好要求，表明竞争模型的拟合度较差。而链式中介模型的 χ^2/df、CFI、TLI、SRMR和 RMSEA 等拟合度指标均符合良好要求，明显好于竞争模型参数。因此，链式中介效应的确存在。

表 3-6　中介效应竞争模型检验

模型	χ^2	df	χ^2/df	CFI	TLI	SRMR	RMSEA
链式中介模型	57.793	21	2.752	0.934	0.925	0.037	0.054
竞争模型	178.176	28	6.363	0.711	0.802	0.074	0.123

　　中介效应检验如表 3-7 所示，中介效应路径"感知风险→服务补救满意度→顾客忠诚度"的间接效应值为 0.276，占总效应的比例为46.70%，表明服务补救满意度在感知风险与顾客忠诚度之间发挥了中介效应，研究假设 H6 通过检验。中介效应路径"感知风险→负面情绪→服务补救满意度→顾客忠诚度"的间接效应值为 0.132，占总效应的比例为22.33%，表明负面情绪和服务补救满意度在感知风险与顾客忠诚度之间发挥了中介效应，研究假设 H7 通过检验。总中介效应和 2 个中介效应的置信区间均不包含 0 值，统计上都显著。总中介效应为 0.408，占总效应的比例为 69.03%。

表 3-7　中介效应检验结果　　　　　　　单位：%

中介效应路径	间接效应值	标准误 Boot SE	上限 Boot CI	下限 Boot CI	效应比例
感知风险→服务补救满意度→顾客忠诚度	0.276	0.019	0.164	0.468	46.70
感知风险→负面情绪→服务补救满意度→顾客忠诚度	0.132	0.008	0.123	0.391	22.33
总中介效应	0.408	0.027	0.327	0.702	69.03
总效应	0.591	0.036	0.214	0.575	100.00

3.5　结论与讨论

3.5.1　结论与理论贡献

首先，本章研究结果显示：在 OTA 平台生态圈服务补救情景下，顾客的感知风险对负面情绪产生显著的正向影响作用，而顾客的感知风险和负面情绪对服务补救满意度产生显著的负向影响作用。因此，以上研究结果支持了研究假设 H1、研究假设 H2 和研究假设 H3。研究假设 H1 获得支持，这表明在 OTA 平台生态圈服务补救情景下，顾客的感觉风险越大，顾客的负面情绪越大。这一研究结论将研究情景延伸到 OTA 平台服务补救情景，是对 Lee 和 Jung（2015）、Mi 等（2019）结论的延伸和丰富。本章验证了研究假设 H2，这一研究结论确认和扩展了 Hsieh 和 Tsao（2014）、Scridon 等（2020）、Chang 和 Hsiao（2008）关于感知风险对顾客满意度和服务补救满意度产生负向影响的结论，研究证实在 OTA 平台服务补救情景下，顾客的感知风险将对服务补救满意度产生负向影响作用。同时，本章还验证了研究假设 H3，表明顾客的负面情绪也将对服务补救满意度产生负向影响作用。在以前的相关研究中，Yoon 和 Lee（2014）、杜建刚和范秀成（2012）认为，负面情绪将负向影响顾客满意度和服务补救满意度，本章结论是对前人研究的延伸。总之，通过实证研

究，研究假设 H1、研究假设 H2 和研究假设 H3 获得支持，深化和拓展了
感知风险对负面情绪、服务补救满意度的影响作用，以及负面情绪对服务
服务补救满意度的影响作用的内涵和适用情景的研究。

其次，根据本章研究结果，企业声誉将调节感知风险对服务补救满意
度的影响作用。因此，研究假设 H4 获得支持。在 OTA 平台生态圈服务补
救情景下，随着 OTA 平台的企业声誉的提高，服务补救满意度将提升更
快，OTA 平台的企业声誉正向调节感知风险对服务补救满意度的影响作
用，降低感知风险对服务补救满意度的负面影响。现有文献认为在线平台
的企业声誉能够维持长期的心理契约关系，创造更好关系，提高需求
（李玉萍，2014），但对于 OTA 平台生态圈服务补救情景下的企业声誉在
感知风险与服务补救满意度之间的调节作用还研究不足。本章验证了
OTA 平台的企业声誉会正向调节感知风险对服务补救满意度的负向影响
作用，弥补了当前研究的不足。本章为进一步探讨 OTA 平台的企业声誉
的调节机理提供了理论与实证解释。有利于广大服务企业，特别是 OTA
平台提高企业声誉或重新评估形象提供了理论依据。

最后，在 OTA 平台生态圈服务补救情景下，服务补救满意度对顾客
忠诚产生正向影响作用，研究假设 H5 通过了假设检验。同时，负面情
绪、服务补救满意度在感知风险和顾客忠诚度之间发挥了中介效应，研究
假设 H6 和研究假设 H7 也通过假设检验。关于服务补救满意度对顾客忠
诚度产生正向影响作用的结论进一步确认了于坤章等（2008）的研究成
果，并将研究情景延伸到 OTA 平台生态圈服务补救情景下，拓展了服务
补救满意度和顾客忠诚度的适用情景和研究内涵。而对于在 OTA 平台服
务补救情景研究中，检验负面情绪、服务补救满意度在感知风险和顾客忠
诚度之间的中介效应，当前学术界对此还涉及比较少。

3.5.2 实践启示

首先，服务失败发生后，OTA 平台及其服务提供商要管理好顾客的
负面情绪，优化服务补救策略。当出现服务失败时，顾客对 OTA 平台及

其服务提供商将增加感知风险，抱怨、失望和无助等负面情绪随之而起。本章研究结果显示，顾客的感知风险和负面情绪都对服务补救满意度产生负向影响关系。因此，OTA 平台及其服务提供商作为服务补救的实施主体，要通过心理专家和服务管理专家设计顾客负面情绪管理方案，丰富服务补救手段，将物质补偿和精神补偿结合起来，适时开展个性化服务补救，切身为顾客着想，提高服务补救满意度。

其次，OTA 平台要努力维护和提升自身的企业声誉，千方百计为顾客着想，提高企业的美誉度。本章研究结果显示，企业声誉降低了感知风险对服务补救满意度的负向影响作用。如果一个 OTA 平台具有良好的企业声誉，在服务失败和服务补救中，顾客的感知风险对服务补救满意度的负向作用将降低，成为企业抵御风险的"保护神"。但是，良好的企业声誉不是一朝一夕所能形成的，需要 OTA 平台进行长期的积累，是企业形象的化身。OTA 平台在互联网时代，要讲求诚信，杜绝欺骗顾客的行为，千方百计为顾客着想，树立良好的品牌形象。同时，OTA 平台需要进行公共关系和促销工作，利用新闻媒体、热点事件和公益活动来提高企业的美誉度。

最后，OTA 平台应通过有效服务补救以提高顾客忠诚度。OTA 平台发生服务失败后，顾客对 OTA 平台是很失望的，但是可以通过服务补救对顾客的态度进行逆转。那么如何进行逆转呢？从本章研究来看，降低顾客的感知风险和负面情绪只是提升顾客忠诚度的重要诱因而已，而不是直接的因素。因此，在 OTA 平台服务补救实践中，应该重视服务补救满意度的形成。OTA 平台采取科学和有效的服务补救措施，降低顾客的感知风险和负面情绪，对顾客进行科学引导，善于接近顾客，化解顾客的负面情绪，解决顾客在金钱和时间上的关切，提升服务补救满意度。在此基础上，顾客将会继续光顾这个 OTA 平台并推荐给自己身边的亲朋好友，从而形成顾客忠诚度，成为 OTA 平台的忠实顾客。

3.5.3　研究局限与展望

首先，在研究框架方面。本章的研究框架未涉及顾客的消费者信任、消费者价值、服务质量、消费者感知等方面的研究，但服务补救过程中，以上 4 个变量可能会对服务补救效果产生重要影响。在今后的研究中，将延伸研究框架，将消费者信任、消费者价值、服务质量、消费者感知等变量纳入研究框架之中，以更好地探讨 OTA 平台生态圈服务补救效果的影响机制。例如，我们将研究消费者信任在服务补救满意与顾客忠诚之间的中介作用，或者消费者信任在消费者宽恕与顾客忠诚之间的中介作用；检验消费者价值观对消费者情绪和服务补救满意的影响关系，试图了解不同价值观的消费者对相关变量的影响将存在哪些差异；探讨服务质量在负面情绪与服务补救满意度之间的影响关系；研究消费者感知与情绪类型、服务质量及服务补救满意度之间的影响关系，等等。此外，在今后的研究中，还可以探讨消费者不信任是否会引起对 OTA 平台不认可，从而对 OTA 平台形象和声誉造成损害？以上这些研究设想将能拓展 OTA 平台服务补救研究的视野，丰富服务补救理论积累。

其次，在研究方法方面。本章是采用情景实验法进行调研数据的收集，虽然情景实验法很适合收集顾客数据，且内部效度较高。但这些数据均来源于顾客的主观评价，在今后的研究中应同时收集顾客的客观数据。客观数据主要是顾客使用 OTA 平台而产生的数据，比如，顾客在 OTA 平台的登录时间和次数，顾客在 OTA 平台逗留的时间长度，顾客 OTA 平台上选择各种类型酒店的比例，等等。获得客观数据将弥补情景实验法的不足，因为顾客的主观评价结果，往往具有一定的偏差。因此，在今后的研究中，将客观数据和主观数据相结合，将是今后研究的方向。

最后，在研究样本来源方面。本章的实验样本来源于桂林市、南宁市和柳州市等，但没有其他地方的样本。在今后的研究中，应该扩大样本来源范围，调研多国的样本，扩大样本量，提高样本代表性。同时，应用嵌入多面体法（Polyhedral Methods）中的适应型联合分析（Adaptive Conjoint Analysis，ACA）以降低问卷复杂程度。

第4章

情绪智力和情绪劳动视角下的
OTA平台生态圈服务补救
效果影响机制研究

4.1 引言

网络环境下的旅游服务运营模式正在经历着深刻的变革。互联网的发展使旅游产品的展示、分销和促销方式发生了巨大变化，并改变了顾客的行为方式（No 和 Kim，2015）。由于顾客对在线旅游的巨大需要，催生了在线旅行社，并成为一种消费时尚（Pinto 和 Castro，2019）。OTA 平台最早开始于 1996 年成立的 Expedia（Ling 等，2014）。经过多年的发展，OTA 平台已建立了成功的经济模式，是当前预订率最高的在线销售渠道。顾客可通过 OTA 平台向旅游服务提供商预订机票、酒店、度假产品等相关旅游产品和服务，可进行网上或线下支付（肖建珍，2021）。从本质来看，OTA 是依托互联网平台提供在线咨询、评论和预订等服务的中介机构。顾客通过 OTA 可以很容易地比较各个酒店的产品、价格、折扣、独立评论和照片。因此，OTA 迎合了顾客多元化的需要偏好，得到了迅速的发展，并出现了一些著名的品牌，如 Priceline、Expedia、Ctrip 等。

OTA 平台的商业实践已经将传统的"顾客—服务提供商"二元互动模式的拓展为"顾客—OTA 平台—服务提供商"三元互动模式（Wei，2021），形成了一个 OTA 平台生态圈。在 OTA 平台生态圈的商业模式中，顾客通过 OTA 平台进行预订服务提供商（本章特定的服务提供商为酒店），并可以在 OTA 平台上发表评论等，酒店需要向 OTA 平台支付费用，并对顾客提供直接的服务。在 OTA 平台生态圈情景下，在特色的三元互动关系中，服务失败会产生负溢出效应，这在第 1 章已经进行了论述。服务失败的负溢出效应表现为，当服务供应商产生服务失败时，消费者不仅会抱怨服务供应商，还将迁怒于 OTA 平台，由此产生服务失败的负向溢出效应，对整个 OTA 平台生态圈产生负面影响。

但是，由于服务产品的无形性、同步性和异质性等特点，OTA 平台和酒店在向顾客服务的过程中，出现服务失败是不可避免的。当前的 OTA 平台生态圈服务失败事件层出不穷，如在 2019 年的劳动节假期期间，重庆的 OTA 平台成为顾客投诉的"重灾区"，订票、出行、酒店住宿、旅游景点消费的各环节都有顾客投诉，服务失败表现为收取高额退票费、订单无法消费、下单后难预约、退改签遭拒、货不对版、特价商品拒绝退款等。因此，服务失败已成为 OTA 平台生态圈挥之不去的"魔咒"，并使其服务运营模式面临新挑战。而服务补救是 OTA 和服务提供商恢复顾客满意，增强竞争力的必由之路。

现有文献对服务失败和服务补救的关注较多，如有学者构建了网购服务补救质量测度体系（刘国巍和李闯管，2017），对服务补救中的顾客参与和顾客忠诚之间的关系进行了实证研究（Ashraf 和 Manzoor，2017），还对网络购物的服务失误、服务补救与顾客二次满意及忠诚度的关系等进行了探讨（简兆权和柯云，2017）。对于旅游行业的服务补救，学术界也研究了口碑对旅行社服务补救效果的影响，服务补救效果使用顾客满意和顾客忠诚进行衡量（Pai 等，2019）。还有学者研究了旅行社服务失败后的服务质量对顾客忠诚的影响（Kuo 等，2013），开发了旅行业服务失败和服务补救的实用手册（Inkson，2019），并对旅行社员工的情绪智力对顾客导向和服务补救努力的影响进行了研究（In 等，2020），等等。当前学术界对于 OTA 平台生态圈服务失败和服务补救的研究成果还比较缺乏，迫切需要探讨 OTA 平台生态圈的服务补救效果影响机制。

近 20 年来，关于情绪智力和情绪劳动的研究备受管理学术界关注，结合生动的管理实践，涌现了大量交叉研究成果。有研究表明，管理者情绪智力对工作绩效存在显著正向影响，并通过领导能力与管理自我效能感的部分中介作用于主观绩效（张辉华等，2009）。在服务管理研究领域，研究发现员工的情绪智力对顾客导向、顾客忠诚产生积极影响（In 等，2020；占小军，2012）。一些研究也证实了员工的情绪劳动对生活满意、工作满意和顾客满意产生显著的负向影响（龚会等 2012；Abdul 等，2008）。但是，在 OTA 平台生态圈的服务补救情景下，员工的情绪智力和

情绪劳动对服务补救效果的影响机制还缺乏探讨，而弄清这些问题将有助
于 OTA 平台生态圈提高服务补救效果。

　　本章使用情景实验的方法进行实证分析，创新性地将情绪智力、情绪
劳动两个心理学领域的概念变量同时引入 OTA 平台生态圈服务补救效果研
究之中，对员工的情绪智力和情绪劳动之间的影响关系，以及情绪智力和
情绪劳动对服务补救满意度的影响关系进行研究，并对服务补救后的顾客
忠诚度的影响机制进行深入探讨。本章将力图扩展服务补救研究和 OTA 平
台生态圈研究的视野，以及拓展情绪智力、情绪劳动在管理学领域的应用，
彰显出交叉研究的优势，以更好地解释 OTA 服务补救效果影响机制。在实
践中，本章着眼于提高 OTA 平台生态圈服务补救效果和服务补救能力，促
进 OTA 平台生态圈商业模式健康发展，更好地服务世界各地游客。

4.2　文献综述和研究假设

4.2.1　服务失败与服务补救

　　服务失败是指企业所生产的产品或服务未能满足顾客需求或者未能达
到顾客所期望的水准（黄莹莹，2021）。大量研究表明，服务失败导致了
严重的负面后果，如顾客不满、负面的口碑宣传，以及转向竞争对手
（刘凤军等，2019）。学术界一般把服务失败分成结果失败和过程失败。
结果失败主要是指服务商没有实现基本服务内容和满足顾客期望，而过程
失败主要是指在服务中遭遇了传递方式等方面不愉快的服务经历（Bitner
等，1990）。

　　服务失败发生后，企业为了使形象不受损失或减少损失，就要进行服
务补救。服务补救是针对服务失败而采取的行动，也是企业为使服务达到
顾客预期而做的努力工作（钟天丽等，2011）。当前服务补救的探讨可归

结为宏观和微观两个层面。宏观层面的服务补救是企业对服务质量系统的整体管理过程，而微观层面的服务补救是企业层面对顾客采取的即时性和主动性反应措施，常见的补救措施有道歉、解释、补偿（黎冬梅和黎慕华，2021）。学术界对服务补救效果影响因素进行了广泛的关注，探讨了网购、零售业和旅游业等顾客的感知公平对服务补救质量、顾客满意和顾客忠诚的影响关系（Assefa，2014），也关注了顾客参与、共同补救与服务补救效果的关系，认为顾客参与、共同补救将提升服务补救效果（Ashraf 和 Manzoor，2017）。

总的来看，当前的服务失败和服务补救理论比较成熟，但是对 OTA 平台及 OTA 平台生态圈的服务失败和服务补救方面的关注还不足，相关文献还比较缺乏，难以解释和指导当前的 OTA 平台生态圈服务失败和服务补救实践。因此，当前服务失败和服务补救研究应该关注新兴服务领域，如 OTA 平台生态圈服务领域，不断拓展理论的广度和适用性，以更好地指导实践。

4.2.2 情绪智力和情绪劳动

情绪智力是一种与情绪相关的智力，强调情绪信息的感知、整合、理解、管理在个体行为中的引导能力（罗瑾琏等，2022）。当前对情绪智力的测量主要有任务式和问卷两种典型方式，任务式是以解决问题的对错为标准，问卷式是以评价高低为标准（浦方芳等，2017）。关于情绪智力的影响作用，学者们就员工情绪智力对组织绩效、工作态度和行为的影响作用进行了持续的关注（Mubeen 等，2016；Sajjadr 等，2017）。Wong 和 Law（2002）基于中国文化情景下，研究开发了中国情景下的情绪智力量表，该量表共有自我情绪评估、他人情绪评估、情绪调节和情绪运用四个部分。

为情绪劳动是员工为了组织利益，以消耗积极情绪为代价，努力扮演顾客期待的职业角色，换取报酬的过程（倪渊和李翠，2021）。情绪劳动可分为表层行为和深度行为两个方面，表层行为是指员工感受的情绪和表现规则不一致时，将调节情绪的可见方面，如声音、面部表情等，使其在表面上符合组织需要的情绪表达要求，深层行为是指改变内部想法和情感，使员工内心认知与组织需要的工作情绪保持一致（Brotheridg 和 Grandey，2002）。Chi 等（2018）认为一线服务人员的情绪劳动是提升客户体验和情绪价值的重要途径。学术界还研究了员工情绪智力对情绪劳动的影响，认为情绪智力与情绪劳动之间呈正相关关系，并产生正向影响关系（吕勤等，2016）。Chen 等（2010）认为警察情绪智力与情绪劳动为正相关关系，且情绪智力对深层行为的正效应大于对表层行为和自然行为的正效应。学术界通过对多个服务行业的研究发现服务员工的情绪智力积极影响表层性行为和深层行为，深层表演在情绪智力与组织公民行为之间起部分中介作用（杨勇等，2013）。韦家华（2016）基于传统服务补救情景下，对服务员工情绪智力与情绪劳动直接的关系进行了研究，认为员工情绪智力对情绪劳动产生正向影响作用。与传统服务补救情景相比，OTA 平台生态圈服务补救情景下的员工的情绪智力和情绪劳动能力并没有很大改变，员工的情绪智力也将对表层行为和深层行为产生正向影响关系。因此，本章提出以下 2 个研究假设：

H1：情绪智力对表层行为产生的正向影响关系。

H2：情绪智力对深层行为产生的正向影响关系。

4.2.3　服务补救满意度

顾客满意由 Cardozo 于 1965 年首次应用于管理学范畴，在之后的近 50 年里一直作为服务研究的热点问题。当前对顾客满意的界定主要包括两种视角，特定视角的顾客满意认为顾客满意是顾客在特定情境下对消费后所获得价值满意程度而做出一种即时情绪反映；而整体视角的顾客满意认为顾客满意是一种由顾客态度形成的，以经验为基础的整体性态度（Woodside 等，1989）。结合本书的特点，本章采用特定视角的顾客满意界定，认为服务补救满意度是对即时服务补救的实际感知效果高于服务补救预期的一种感觉状态，它最突出的特点是服务补救特定情景的顾客满意，是一种"二度满意"。

在医疗领域，研究发现护士的情绪智力与护患关系满意度呈正相关（Zhang 等，2014）。Rozell 等（2006）通过实证研究发现，销售人员情绪智力对他们的销售绩效具有显著影响作用。员工的情绪劳动中的表层行为将引起顾客反感，仅有外在的微笑无法打动顾客，而真诚展示能够显著提高顾客的满意程度（张倩，2011）。在旅游行业，有学者研究发现员工情绪评估和情绪调节对顾客满意具有正向影响作用（占小军，2012）。韦家华（2016）基于传统服务补救情景，对员工情绪智力和情绪劳动对服务补救满意度产生正向影响作用。当前学术界还缺乏对 OTA 平台生态圈服务补救情景下的情绪智力和情绪劳动对服务补救满意度影响关系的相关研究。在 OTA 平台生态圈服务补救情景下，参与服务补救的员工的心理状况也会和传统服务补救情景的员工具有一定的相似性。高情绪智力的员工更有可能提高服务补救补救满意度，因为高情绪智力的更能控制和管理自己的情绪。员工的表层行为，如外在的微笑会引起顾客反感，会降低服务补救满意度，而员工的深层行为将提升服务补救满意。因此，本章提出以下 3 个研究假设：

H3：情绪智力对服务补救满意度产生正向影响关系。

H4：表层行为对服务补救满意度产生负向影响关系。

H5：深层行为对服务补救满意度产生正向影响关系。

4.2.4　顾客忠诚度

早期研究者常常把顾客忠诚界定为顾客对某种产品或服务的积极心理依恋和重复购买行为（Fornel，1992）。后来学术界认为以心理依恋和重复购买来界定顾客忠诚并不全面，当前学术界一般接受从行为忠诚和态度忠诚两个方面来界定顾客忠诚度（于坤章等，2008）。陈文晶等（2015）认为顾客忠诚度是指顾客在较长一段时间内，对企业的产品或服务保持的选择偏好和重复性购买行为。在顾客忠诚度维度研究方面，顾客忠诚可划分为认知成分、情感成分和行为、重构意愿、重复购买、向他人推荐、关注度等维度（李玉萍，2014）。陆娟（2007）通过对北京服务业的实证分

析发现顾客满意对顾客忠诚产生直接正向影响作用。以上研究成果虽然没
有涉及 OTA 平台生态圈服务补救的情景，但对本书具有重要的参考价值。
在 OTA 平台生态圈服务补救的情景下，当顾客对服务补救感到满意时，
必将向周围人推荐和重复购买，产生行为忠诚和态度忠诚的行为。因此，
本章提出以下研究假设：

H6：服务补救满意度对顾客忠诚度产生显著的正向影响关系。

从以上分析和假设关系可以看出，在 OTA 平台生态圈服务补救的情
景下，员工的情绪智力对顾客忠诚度的影响关系是通过服务补救满意度而
发挥作用的，服务补救满意度在情绪智力和顾客忠诚度之间发挥了中介效
应。员工的情绪智力还会通过表层行为、服务补救满意度两个变量对顾客
忠诚度产生影响作用，表层行为和服务补救满意度在情绪智力和顾客忠诚
度之间发挥了中介效应。同时，在 OTA 平台生态圈服务补救的情景下，
员工的情绪智力还将通过深层行为、服务补救满意度两个变量对顾客忠诚
度产生影响关系。因此，本章提出以下 3 个中介效应的研究假设：

H7：服务补救满意度在情绪智力与顾客忠诚度之间发挥了中介效应。

H8：表层行为和服务补救满意度在情绪智力与顾客忠诚度之间发挥
了中介效应。

H9：深层行为和服务补救满意度在情绪智力与顾客忠诚度之间发挥
了中介效应。

基于上述 9 个研究假设，本章的研究模型如图 4-1 所示。

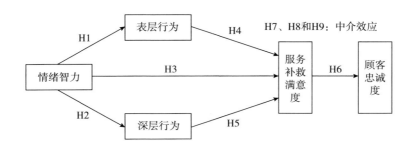

图 4-1　本章的研究模型

4.3 研究设计

4.3.1 实验设计

近年来，虽然 OTA 平台生态圈的服务失败事件经常发生，但由于时间和空间的限制，旅游研究者在服务失败和服务补救现场进行调查和研究则很困难。为了提高研究的针对性和有效性，为后续进行研究假设论证提供研究支撑，本章参考了方淑杰等（2019）、Chen 和 Li（2020）的做法，在真实案例的基础上，采用模拟实验的方法进行数据收集和研究。为了提高实验的外部效度和针对性，实验材料来自中国媒体报道的 OTA 服务失败事件，并参考了文化和旅游部公布的旅游投诉事件，进行了适度改编。

实验模拟了顾客在遭遇了 OTA 平台生态圈服务失败，OTA 和服务提供商采取服务补救的 3 种情景。本章的服务提供商是酒店。在实验中，本章将所有被测试对象随机划分为 3 组，每组设定在一种情景下。在每组中，50% 的被测试对象扮演酒店的服务补救的员工，50% 的被测试对象扮演酒店的顾客。在实验中，要求被试者认真看完自己所处情景的文字描述，并把个人置于该情景之中，研究者对各种情景进行讲解，引导被试者想象在 OTA 平台生态圈服务失败和服务补救情景下，他们作为员工或顾客的感受和反应。随后，研究者指导被试者填写情景实验的调查问卷。

情景 1：OTA 平台发生服务失败后，OTA 平台马上联合酒店或景区等主动进行服务补救，一线服务补救人员是酒店员工。参与服务补救的员工具有较高的情绪智力，能很好洞察顾客情绪和心理，表层行为和深层行为表现得体。员工代表 OTA 平台和酒店进行了诚挚的道歉，并进行了退回费用、金钱赔偿、服务产品折扣、更换服务项目等服务补救措施。顾客对服务补救比较满意，从而增加了对 OTA 平台和酒店的信任，以后还将继续购买 OTA 平台和酒店的服务。

情景 2：OTA 平台发生服务失败后，OTA 平台马上联合酒店或景区等主动进行服务补救，一线服务补救人员是酒店员工。员工的表现和服务补救措施如情景 1 所示。但是，顾客对 OTA 平台和酒店的服务补救期望较高，对现有的服务补救工作依然不满意，他们将不会再购买该 OTA 平台和酒店的服务产品。

情景 3：OTA 平台发生服务失败后，OTA 平台马上联合酒店或景区等主动进行服务补救，一线服务补救人员是酒店员工。但是，参与服务补救的员工的情绪智力比较低，不能很好洞察顾客情绪和心理，表层行为和深层行为表现不得体，没有进行了诚挚的道歉，甚至对顾客进行再次伤害。OTA 平台和酒店没有及时实施退回费用、金钱赔偿、更换服务项目等服务补救措施。顾客对 OTA 平台和酒店的服务补救工作不满意，对 OTA 平台和酒店的信任降低，以后将不会继续购买 OTA 平台和酒店的旅游服务。

4.3.2　变量测量

本章共有 5 个测量变量，其中，表层行为和深层行为是测量员工的情绪劳动的两个变量。本章采用了权威文献的相关量表，并根据 OTA 平台生态圈服务补救情景进行了相应的修改。本章的情绪智力的测量采用 Wong 和 Law（2002）的 WLEIS 量表，设置了 8 个题项。表层行为和深层行为都是测量情绪劳动的变量，因此借鉴了 Chen 等（2010）的情绪劳动量表，表层行为和深层行为设置了 4 个题项。服务补救满意度的测量借鉴 Bhatta 和 Premkumar（2004）、Ribbink 等（2004）的顾客满意量表，并结合服务失败和服务补救的特点进行了修改，设置了 5 个题项。顾客忠诚度的测量借鉴 Zeithaml 等（1996）编制的顾客忠诚度量表，设置了 4 个题项，测量内容包括顾客行为忠诚和顾客态度忠诚两个方面。在此基础上，本章还邀请了 12 位具有 OTA 平台生态圈服务经历的市民，5 位服务管理研究者对问卷初稿的文字内容、表达方式等进行修正，修正了问卷中语义模糊、表述不清晰等情况。

调查问卷分为员工部分和顾客部分，共两个部分。员工问卷部分包括情绪智力、表层行为和深层行为，共3个变量，16个题项。顾客问卷包括服务补救满意度、顾客忠诚度，共2个变量，9个题项。以上5个变量的所有题项都采用Likert5点尺度进行测量，5个选项包括"非常符合、符合、基本符合、不太符合、不符合"。

4.3.3 预实验

预实验目的是检验情景真实性和变量操控情况。预实验使用内部一致性较高的大学生群体，因为大学生是OTA平台生态圈消费的活跃群体，具有较好的参考价值。预实验共选取了本科生和硕士生被试者54人，随机分配到情景1、情景2和情景3中，共3组，每组18人。在每组中，9人扮演服务补救的员工，9人扮演顾客。在预实验中，要求被试者认真看完自己所处情景的文字描述，并把个人置于该情景之中，研究者对各种情景进行讲解，引导被试者想象在OTA平台生态圈服务失败和服务补救情景下，他们作为补救员工或顾客的感受和反应。随后，研究者指导被试者填写情景实验的调查问卷，其中，扮演员工的被试者填写员工问卷部分，包括情绪智力、表层行为和深层行为，共3个变量，而扮演顾客的被试者填写顾客问卷部分，包括服务补救满意度和顾客忠诚度，共2个变量。

问卷调查后，研究者对问卷数据进行了独立样本T检验。检验结果显示，高情绪智力的员工组与低情绪智力的员工组（控制组）比较，情绪智力差异显著（$M_{不符合} = 2.28$，$M_{符合} = 3.66$，$T = 3.704$，$DF = 49$，$p < 0.001$），情绪智力操控通过检验。表层行为较好的组与表层行为较差的组（控制组）比较，表层行为差异显著（$M_{不符合} = 2.21$，$M_{符合} = 3.86$，$T = 2.371$，$DF = 38$，$p < 0.005$），表层行为操控通过检验。本章对深层行为进行了操控检验，研究显示，高深层行为组与低深层行为组（控制组）比较，深层行为差异显著（$M_{不符合} = 2.33$，$M_{符合} = 3.92$，$T = 5.610$，$DF = 38$，$p < 0.001$）。以上的预实验的独立样本T检验结果说明，情绪智力、情绪

劳动（表层行为和深层行为）操控成功。

4.3.4　正式实验

正式实验由研究者、2 名学生、15 名社区和村委会工作人员组成。2019 年 12 月对桂林市和贺州市的市民、阳朔县的农民进行了正式实验。本章的正式实验通过以下途径收集样本数据。一是与桂林市的社区（城市的基层管理组织）合作，通过社区的社交平台（QQ 群和微信群）征集实验样本，要求样本具有 OTA 平台生态圈的服务购买经历。二是随着中国农村经济发水平的提高，中国农村普及了九年义务教育，文化水平提升较快，农民成为 OTA 平台消费不可忽视的群体，因此我们与桂林市阳朔县的村委会（农村的基层管理组织）合作，通过村委会的社交平台（QQ群）征集实验样本，要求样本具有 OTA 平台的服务购买经历。

由于样本的居住区域不同，本章的实验是分 6 次完成的。在每次实验中，我们将实验样本分成员工组和顾客组，员工样本和顾客样本是相等的。然后，请各位被试者之后对照设定的 3 个模拟情景和自己模拟的角色，让他们结合自己 OTA 平台服务购买经历选择一个最为相似的场景并进行填写调查问卷。为提高调查问卷填写质量，研究者进行了必要的填写指导。同时，为保证填写效果，尊重个人隐私，让被试者尽量在自由的私人空间完成填答。

在正式实验阶段，本章共回收问卷 346 份，除不完整问卷及答案前后矛盾的问卷，有效问卷为 324 份，有效率为 93.64%。因为调查问卷分为模拟员工填写部分（情绪智力、表层行为和深层行为）和模拟顾客填写部分（服务补救满意度、顾客忠诚度），服务员工和顾客的样本数量是一样的，均为 324 份，他们的职业有公务员、教师、企业工作人员、医生、学生、农民等。在模拟员工的样本中，男性为 166 人、女性为 158 人，占比分别为 51.23%、48.77%；大学专科以上学历的样本为 239 人，占比为73.77%；18~35 岁的样本为 189 人，占比为 58.33%。模拟顾客的样本中，男性为 152 人、女性为 172 人，占比分别为 46.91%、53.09%；大学专科以上学历的样本为 221 人，占比为 68. 21%；18~35 岁的样本为 197 人，占比为 60. 80%。

4.4 数据分析

4.4.1 信度与效度检验

当前学术界一般采用 Cronbach's α 来衡量问卷数据的信度，Cronbach's α 大于 0. 70 表示通过信度检验（Hair 和 Black，2006）。如表 4-1 所示，情绪智力、表层行为、深层行为、服务补救满意度和顾客忠诚度的 Cronbach's α 在 0. 828~0. 899 之间，明显大于 0. 70，表明问卷的信度通过了检验。

表 4-1 信度和效度检验

变量	测量题项	因子载荷	T 值	Cronbach's α	CR	AVE
情绪智力	我非常了解自己的情绪	0. 799	7. 681	0. 867	0. 930	0. 627
	我能很快觉察到顾客的情绪	0. 743	4. 021			
	我总能进行自我激励	0. 726	4. 952			
	我有很强的情绪自控能力	0. 903	9. 723			
	我知道自己是否快乐	0. 731	3. 765			
	我有毅力去完成目标	0. 823	4. 235			
	我认为自己是有能力的人	0. 784	6. 386			
	我能理智的处理危机	0. 807	3. 862			
表层行为	我能展示出合适的表情	0. 812	2. 996	0. 847	0. 881	0. 650
	我会假装心情好	0. 796	2. 231			
	我能展示工作需要的情绪	0. 793	4. 036			
	我会掩饰内心真正的感情	0. 824	3. 765			

续表

变量	测量题项	因子载荷	T值	Cronbach's α	CR	AVE
深层行为	我内心会为顾客着想	0.849	4.034	0.828	0.889	0.667
	我内心能理解顾客	0.788	5.347			
	我会由衷地为顾客服务	0.795	2.998			
	我的情绪是发自内心的	0.834	6.708			
服务补救满意度	我对服务补救时机满意	0.709	2.872	0.833	0.873	0.576
	我对服务补救方式满意	0.783	3.871			
	服务补救解决我的问题	0.746	4.863			
	服务补救达到我的心理预期	0.727	6.189			
	我与员工表现感到满意	0.824	4.762			
顾客忠诚度	我将继续购买服务	0.807	6.483	0.899	0.916	0.733
	我将推荐人使用该OTA平台	0.872	11.782			
	我将成为该OTA平台的粉丝	0.818	7.622			
	我对该OTA平台增加了归属感	0.921	3.879			

　　本章的效度检验包括内容效度检验、收敛效度检验、区别效度检验和建构效度检验。在内容效度方面，调查问卷的所有题项均参考已发表的权威期刊的研究成果，并结合OTA服务补救情景进行了调整，说明问卷题项的具有较好的内容效度。收敛效度如表4-1所示，各题项的标准化载荷载系数均大于0.50，T值也均大于1.96的门槛值，各变量的组合信度（CR）值均大于0.70，且平均提炼方差（AVE）均大于0.50，符合Hair和Black（2006）、吴明隆（2010）关于收敛效度的检验标准，因此通过了收敛效度检验。

　　区别效度分析如表4-2所示，5个变量的平均提炼方差（AVE）的平方根值都大于该变量与其他变量之间的相关系数，根据吴明隆（2010）的标准，说明问卷有较好的区别效度，区别效度通过检验。在建构效度的检验方面，本章采用AMOS22.0进行验证性因子分析（CFA），模型总体拟合度的验证性因子分析结果如下：$\chi^2/df = 1.782$，RMSEA = 0.035，GFI = 0.983，NNFI = 0.961，CFI = 0.971，PNFI = 0.724，PGFI = 0.761，根据吴明隆（2010）的观点，χ^2/df 要小于 5，CFI 和 TLI 要大于 0.90，SRMR 要小于 0.05，RMSEA 要小于 0.1，因此研究模型的以上各指标均达到了良好模型的标准，问卷建构效度通过检验。

表 4-2 判别效度检验

变量	1	2	3	4	5
情绪智力	0.792	—	—	—	—
表层行为	0.637	0.806	—	—	—
深度行为	0.665	0.582	0.817	—	—
服务补救满意度	0.318	0.294	0.615	0.759	—
顾客忠诚度	0.299	0.214	0.581	0.697	0.856

注：对角线上值为 AVE 的平方根，其他数据为对应变量之间的相关系数。

4.4.2　直接影响关系检验

本章使用结构方程建模方法来检验各变量之间的研究假设关系。本章采用结构方程建模方法的理由如下：因为结构方程模型中可以同时包括多个因变量，而回归分析在分析对某一因变量的影响关系时，会忽视其他因变量的存在及影响，结构方程模型分析能给出不同的评估指标，有利于从不同的角度进行分析，避免过度依赖单一指标（张辉和牛振邦，2013）。

本章运用调研的测量数据运行 AMOS22.0 软件，用结构方程模型对研究假设进行了验证。表 4-3 列出了研究假设模型的具体路径关系，显示检验结果均支持原假设。其中，情绪智力对表层行为的标准化路径系数为 0.612，T = 4.329，表明在 OTA 平台生态圈服务补救情景下，服务补救员工的情绪智力对其表层行为产生显著正向影响关系，研究假设 H1 得到支持。在 OTA 服务补救实践中，情绪智力高的员工因为更能控制和管理自己的情绪，也更能控制的自己表层行为，如微笑、表情等。情绪智力对深层行为的标准化路径系数为 0.693，T = 6.508，验证了 OTA 员工的情绪智力对其深层行为产生正向显著影响，研究假设 H2 得到支持，表明情绪智力高的员工更加善于改变自己的想法和情感，使员工内心认知与组织需要的工作情绪保持一致。以上结果也表明，在OTA平台生态圈服务补救情景下，员工的情绪智力对其深层行为的影响比对其表层行为的影响更显著更强。

表4-3　研究假设验证

假设	结构路径	标准化路径系数	T值	结果
H1	情绪智力→表层行为	0.612 **	4.329	支持
H2	情绪智力→深层行为	0.693 ***	6.508	支持
H3	情绪智力→服务补救满意度	0.375 *	1.989	支持
H4	表层行为→服务补救满意度	0.209	1.034	不支持
H5	深层行为→服务补救满意度	0.783 ***	7.373	支持
H6	服务补救满意度→顾客忠诚度	0.835 ***	9.163	支持

注：*** 表示 $p<0.001$，** 表示 $p<0.01$，* 表示 $p<0.05$。

由表4-3可知，情绪智力对服务补救顾客满意度的影响关系表现为正向且显著，其标准化路径系数为0.375，$T=1.989$，研究假设H3得到支持。说明在OTA平台生态圈服务补救情景下，员工的情绪智力对服务补救满意度存在显著的正向影响，但标准化路径系数较低，影响作用有限。表层行为与服务补救满意度的标准化路径系数为0.209，但 $T=1.034$，统计上没有达到显著水平，研究假设H4没有得到检验支持。而深层行为对服务补救满意度的标准路径系数为0.783，$T=7.373$，研究假设H5通过了检验。研究假设H4和研究假设H5的研究结果说明，在OTA平台生态圈服务补救情景下，员工的表层行为不会降低服务补救满意度，但对服务补救满意度的正向影响作用并不显著，而深层行为能增加服务补救满意度。因此，在服务补救中应该更加重视服务补救员工的深层行为。服务补救满意度对顾客忠诚度的标准化路径系数为0.835，$T=9.163$，研究假设H6通过了检验，表明在OTA平台生态圈服务补救情景下，服务补救满意度是顾客忠诚度的直接影响变量，服务补救满意度是顾客忠诚度的必要准备。

4.4.3 中介效应检验

本章使用 Bootstrap 方法进行中介效应检验。这是因为在简单中介检验中，使用 Bootstrap 方法具有明显的优越性，将比因果逐步回归法更为科学和准确（Preacher 等，2007）。同时，本章中的抽样并不符合正态分布，而 Bootstrap 方法也不需要假设抽样的正态分布，它是通过多次的反复抽样来估计间接效应和抽样分布状况，并按照分布特征来估计间接效应的置信区间（吴明隆，2010；Preacher 等，2007）。

为了进一步确认链式中介效应的存在，本章构建了竞争模型与链式中介效应模型。表 4-4 显示了竞争模型与链式中介效应模型的拟合优度指标。根吴明隆（2010）的观点，良好模型的标准是 χ^2/df 要小于 5，CFI 和 TLI 要大于 0.90，SRMR 要小于 0.05，RMSEA 要小于 0.1。竞争模型的 χ^2/df 为 5.791，其他指标也没有达到良好要求，表明模型拟合性较差。而链式中介模型的 χ^2/df、CFI、TLI、SRMR 和 RMSEA 等拟合指数值均符合良好要求，且好于竞争模型参数。因此，链式中介效应的确存在。

表 4-4　中介效应竞争模型检验

模型	χ^2	df	χ^2/df	CFI	TLI	SRMR	RMSEA
链式中介模型	47.546	18	2.641	0.932	0.923	0.040	0.062
竞争模型	139.963	24	5.791	0.798	0.843	0.065	0.109

中介效应检验如表 4-5 所示，中介效应路径"情绪智力→服务补救满意度→顾客忠诚度"的间接效应值为 0.244，占总效应的比例为 40.87%，证实服务补救满意度在情绪智力与顾客忠诚度之间发挥了中介效应，研究假设 H7 通过检验。说明在 OTA 平台生态圈服务补救情景下，员工的情绪智力会间接的影响顾客忠诚度，但需要服务补救满意度的中介效应。因此提高员工的情绪智力水平是提高顾客忠诚度的重要途径。

表 4-5　中介效应检验结果　　　单位：%

中介效应路径	间接效应值	标准误 Boot SE	上限 Boot CI	下限 Boot CI	效应比例
情绪智力→服务补救满意度→顾客忠诚度	0.244	0.021	0.216	0.443	40.87
情绪智力→表层行为→服务补救满意度→顾客忠诚度	0.101	0.036	0.054	0.109	16.92
情绪智力→深层行为→服务补救满意度→顾客忠诚度	0.126	0.009	0.071	0.146	21.10
总中介效应	0.471	0.021	0.359	0.601	78.89
总效应	0.597	0.013	0.420	0.793	100.00

中介效应路径"情绪智力→表层行为→服务补救满意度→顾客忠诚度"的间接效应值为 0.101，占总效应的比例为 16.92%，表明表层行为和服务补救满意度在情绪智力与顾客忠诚度之间发挥了中介效应，研究假设 H8 通过检验。同时，中介效应路径"情绪智力→深层行为→服务补救满意度→顾客忠诚度"的间接效应值为 0.126，占总效应的比例为 21.10%，表明深层行为和服务补救满意度在情绪智力与顾客忠诚度之间发挥了中介效应，研究假设 H9 通过检验。研究假设 H8 和研究假设 H9 的中介效应检验结果表明，在 OTA 平台生态圈服务补救情景下，在情绪智力对顾客忠诚度的影响关系中，表层行为、深层行为和服务补救满意度发挥了中介效应。因此除了提高员工的情绪智力水平外，还要提高员工的情绪劳动水平（表层行为和深层行为），以提高服务补救满意度，进而提升顾客忠诚度。总中介效应和 3 个中介效应的置信区间均不包含 0 值，统计上都显著。

4.5　结论与讨论

4.5.1　结论与理论贡献

首先，在 OTA 平台生态圈服务补救情景下，员工的情绪智力对其表层行为和深层行为存在显著的正向影响，且对后者的影响更强更显著。这表明具有较高情绪智力的 OTA 员工将更善于进行情绪劳动（表层行为和深层行为），而且相对于表层行为，情绪智力对深层行为具有更大的影响作用。这一研究结论不仅确认了 Totterdell 和 Holman（2003）、Chen 等（2010）关于情绪智力对情绪劳动（表层行为和深层行为）产生正向影响的结论，还进一步验证了 OTA 平台生态圈服务补救情景下的员工的情绪智力对情绪劳动（表层行为和深层行为）的直接影响关系，从而深化和拓展了情绪智力与情绪劳动之间的影响关系的内涵和适用情景。

其次，在 OTA 平台生态圈服务补救情景下，员工的情绪智力和深层行为对服务补救满意度产生正向影响，而表层行为对服务补救满意度产生弱的正向影响作用，并在统计上不显著，结论不支持研究假设 H4。这一研究结果说明情绪智力高，深层行为表现好的员工将能获得更高的服务补救满意度。这一研究结论是对销售人员、出纳员等人群的情绪智力对销售绩效和顾客满意度存在正向影响作用的深化（Rozell 等，2006；Brown 和 Sulzer，1994），研究证实了 OTA 服务补救情景下的员工的情绪智力对服务补救满意度存在正向影响作用，丰富了情绪智力的研究内涵，为进一步剖析服务补救满意度影响因素提供了实证的参考。同时，这一结论也是对张倩（2011）关于表层行为将引起顾客反感，而真诚展示能够显著提高顾客的满意程度的结论的修正，说明表层行为不一定引起顾客反感，从而深化了对情绪劳动与服务补救满意度之间关系的认识，拓展了其适用情景。

最后，在 OTA 平台生态圈服务补救情景下，服务补救满意度对顾客忠诚产生正向影响作用。同时，表层行为、深层行为、服务补救满意度在情绪质量和顾客忠诚度之间发挥了中介效应。关于服务补救满意度对顾客忠诚度产生正向影响作用的结论进一步确认了陆娟（2007）、于坤章等（2008）的研究成果，并将研究情景延伸到 OTA 平台生态圈服务补救情景下，拓展了服务补救满意度和顾客忠诚度的适用情景和研究内涵。

4.5.2　实践启示

首先，该研究结果对服务环境中的员工行为具有重要的指导意义。根据本章研究结果，员工的情绪智力对情绪劳动（表层行为和深层行为）和服务补救满意度存在显著正向影响关系。因此，对服务环境中的员工，应该努力提高自身的情绪智力水平，提高顾客满意度。在服务工作中，特别在服务补救工作中，员工要注意控制和管理好自身的情绪，并降低顾客的负面情绪。例如，在服务失败情景下，当遇到愤怒的顾客时，员工要尽力进行换位思考，多替顾客着想，控制和自己的情绪，不讲刺激顾客语言，不埋怨顾客。否则会将服务失败的事件放大，甚至不可控制。在语言交流方面，员工要对顾客进行真诚的道歉，并用对顾客尊重的语言与他们交流，耐心听取他们的服务补救诉求。在此过程中还需要疏解顾客的负面情绪，用真诚打动顾客。

其次，OTA 平台和酒店应更加重视员工深层行为的作用，但表层行为也不可忽视。研究显示，员工深层行为对服务补救满意度产生正向影响作用，而表层行为对服务补救满意度的负向影响作用并不显著。员工的深层行为是他们发自内心的情绪展示，能向顾客传达诚实、亲切的信息，更有助于对顾客产生积极的反应。在 OTA 平台生态圈服务补救情景下，顾客是感觉失去"面子"，特别是中国人讲"面子"，因此员工的表层行为也不可忽视，员工应该展示适当的表层行为，维护顾客"面子"。顾客虽能察觉员工的表层行为的虚假情绪展示，但受"面子"意识的影响，"伸手不打笑脸"，接受服务补救的顾客并不讨厌这种情绪表达形式。企业应要求旅游服务员工在工作中"微笑服务"，尽量取悦顾客，善于展示积极情绪。

最后，在 OTA 平台生态圈服务补救情景下，员工的情绪智力、情绪劳动（表层行为、深层行为）并不能直接促使形成顾客忠诚度，而是通过服务补救满意度来间接的影响顾客忠诚度。因此，OTA 平台要想在服务补救之后，顾客还能继续光顾并推荐给自己身边的亲朋好友，必须保证服务补救满意度。员工的情绪智力、情绪劳动只是提升顾客忠诚度的重要诱因而已，而不是直接的因素。因此，在 OTA 平台服务补救实践中，应该重视服务补救满意度的形成，OTA 平台和酒店等在服务补救中要优化补救流程和服务补救策略，采取科学的补救方法平息顾客的不满，善于接近顾客，为顾客解决问题和困难。同时，还要宣传 OTA 平台的便利性和优惠措施，扩大 OTA 美誉度，提高服务补救满意度。

4.5.3　研究局限与展望

首先，在情景实验设计方面。本章研究的是采用情景实验法进行实证分析的。本章的实验模拟了 OTA 进行服务补救的 3 种情景，并将所有被测试对象随机划分为 3 组，每组设定在一种情景下。在每组中，50% 的被测试对象扮演服务补救的员工，50% 的被测试对象扮演顾客。由于时间和空间的限制，旅游研究者在服务失败和服务补救现场进行调查和研究是很困难的，因此情景实验法很适合收集顾客数据，且内部效度较高。但是，从本章的情景实验设计来看，情景实验的数据均来源于顾客的主观评价，而主观评价由于受到心情和经验的影响而往往存在偏差。此外，在情景实验中设计中，让被测试对象扮演员工或顾客，他们是否能完全的站在员工或顾客立场填写问卷，这也是需要考虑的因素。因此，在今后的研究中，我们将同时收集顾客的客观数据。客观数据主要是顾客使用 OTA 平台而产生的数据，比如，顾客在 OTA 的平台登录时间、次数，在 OTA 平台消费的金额，顾客遭受服务失败的情况，等等。在今后的研究中，我们将客观数据和主观数据相结合，提高研究的有效性和科学性。

其次，在研究模型方面。本章探讨了 OTA 平台生态圈服务补救情景下的情绪智力、情绪劳动对服务补救后满意度和顾客忠诚度之间的关系，但并未探讨顾客宽恕、顾客情绪对相关变量的影响关系，之前的研究缺乏关注，因此存在一个"理论黑洞"。例如，在 OTA 平台生态圈服务补救实践中，顾客宽恕是形成服务补救满意度和忠诚度的重要因素，非常值得深入探讨。在今后的研究中，我们将把顾客宽恕、顾客情绪等变量纳到研究

模型之中，以更好地探讨 OTA 平台生态圈服务补救效果的影响因素和形
成过程。

　　最后，关于情绪智力各维度的研究方面。本章将情绪智力作为一个变
量进行研究，没有划分维度，但一些学者认为情绪智力还可以划分为情绪
感知、情绪管理等不同的维度（Salovey 和 Mayer，1990；Mayer 和
Salovey，2004）。因此，今后在 OTA 平台服务补救研究中，应该对情绪智
力各维度与相关变量的影响关系进行深入研究，丰富情绪智力和服务补救
研究的理论积累，这将对于 OTA 商业实践具有更大的指导价值，促进
OTA 商业模式健康发展。

第5章

消费者负面情绪和消费者宽恕视角下的OTA平台生态圈服务补救效果影响机制研究

5.1 引言

在线旅行社（Online Travel Agency）是互联网与旅游业的融合的产物，是一种新型的旅游商业模式，正在变革和颠覆传统的旅游商业模式，已经成为旅游目的地营销新的媒介和载体（于兆吉等，2021）。传统的旅游商业模式是"酒店—消费者"二元互动模式，而 OTA 平台的产生将旅游商业模式拓展为"酒店—OTA 平台—消费者"三元互动模式，构建了一个 OTA 平台生态圈（刘秀春和傅联英，2021；Wei 等，2021）。为了获得更多的消费者资源和竞争优势，许多酒店加入了 OTA 平台，如 Priceline、TripAdvisor、Ctrip 等，酒店通过签订合约与 OTA 平台进行合作，消费者通过 OTA 平台进行旅游预订，而酒店向 OTA 平台支付服务费用。OTA 平台在旅游经营中具有明显的优势，消费者可以通过 OTA 平台能很方便地比较各个酒店的产品类型、价格、地理位置、消费者评论等，满足了消费者多元化和个性化的需要偏好，因此 OTA 平台获得消费者的广泛青睐。

由于旅游产品的无形性和消费者需求个性化的特点，OTA 平台和酒店发生服务失败是不可避免的。在新闻媒体和社交平台，我们经常可以看到关于 OTA 平台和酒店服务失败的报道。消费者会通过 OTA 平台预订旅游服务，一些 OTA 平台也成为旅游消费者投诉的对象，如美团、Qunar、飞猪等。例如，2021 年 12 月 20 日，成都市的赵先生通过某平台预订了一家长沙市的 M 酒店，并支付了全部费用（828 元）。赵先生于 2021 年 12 月 22 日入住了 M 酒店，但是他发现入住房间的空调是坏的，因此提出了调换房间或者退款要求。但是某平台和酒店以没有房间为由拒绝更换房间，也不退全款，只退了 400 元。后来赵先生不满某平台和酒店的退款方案，通过官方的投诉平台对它们进行了投诉，并使用微博进行了曝光，给某平台和酒店造成了很大的负面影响。

从以上案例可以看出，服务失败已成为威胁 OTA 平台和酒店正常运营的重要因素，并使 OTA 平台生态圈的商业模式面临新挑战，因此迫切需要研究 OTA 平台生态圈的服务补救的影响机制及策略。当前研究中，有学者从情绪、情感平衡和情绪感染视角分析了服务补救效果的影响机理（贾薇和赵哲，2018），也有学者探讨了口碑对旅行社的顾客满意和顾客忠诚的影响关系（Pai 等，2019）。在旅游领域，虽然有研究证实在服务失败情景下，消费者负面情绪将降低对商家的信任和满意，即降低消费者与商家的关系质量（谭保华，2019），但在 OTA 平台生态圈服务失败情景下，消费者负面情绪与关系质量的相关研究还比较缺乏。此外，在当前研究中，Lee（2018）研究证实在旅行社服务中，关系质量对消费者重购意愿有正向影响作用。赵延昇和王仕海（2012）研究证实，在网购服务补救情景下，商家与消费者的关系质量对消费者重购意愿有显著正向影响。但是对于 OTA 平台生态圈服务补救情景下，消费者宽恕在关系质量与消费者重购意愿之间的调节作用还鲜有研究，需要学术界继续探讨。

本章基于 OTA 平台和酒店经常服务失败的现实以及当前学术界的研究不足，使用情景实验法采集研究数据，从消费者负面、关系质量、消费者宽恕、消费者重购意愿的视角探讨 OTA 平台生态圈的服务补救影响机制。本章将探讨消费者负面情绪对消费者和服务提供商的关系质量和消费者和 OTA 平台的关系质量的影响关系，消费者和服务提供商的关系质量对消费者和 OTA 平台的关系质量的影响关系，以及消费者和 OTA 平台的关系质量对消费者重购意愿的影响关系，并验证消费者宽恕在消费者和 OTA 平台的关系质量与消费者重购意愿之间的调节效应。在研究价值上，本研究有利于将从负面情绪、关系质量和消费者宽恕等领域拓展 OTA 平台服务补救研究的视野，以更好地解释 OTA 平台生态圈服务补救效果的影响机制，从而为 OTA 平台和酒店进行科学服务补救提供有效的决策参考，促进 OTA 平台生态圈商业模式健康发展，造福于社会和消费者。

5.2　文献综述和研究假设

5.2.1　负面情绪和关系质量

消费者情绪是消费者在消费过程中产生的一系列相关情感反应的综合（贾薇和赵哲，2018）。消费者情绪主要来源有三个方面：消费者对购买过程和结果的总体印象的评价；由于消费者的相互比较而产生的情绪；由于归因而产生的情绪（Song 和 Kim，2021）。情绪划分为正面情绪和负面情绪，正面情绪包括个体处于一种高度能量激活、聚精会神、快乐、投入等状态，而负面情绪包括个体的愤怒、埋怨、沮丧、后悔和无助等状态（刘小禹，2011）。于宝琴等（2018）认为服务失败发生后将产生不满意、愤怒和后悔等负面情绪，这些负面情绪将影响消费者的转换意向和负面口碑。在网购情景下，服务失败发生后，消费者感知风险增加，这将提升消费者负面情绪（Wei，2021）。无论在一般服务情景下，还是在服务失败情景下，消费者负面情绪将降低对商家的信任和满意，即降低消费者与商家的关系质量（谭保华，2019）。总体来看，当前学术界对情绪类型和负面情绪的研究逐步由心理学领域延伸到管理学领域，但如何将负面情绪引入到 OTA 平台生态圈服务失败的研究中，当前还缺乏这方面的尝试。

在服务业中，关系质量是消费者对服务提供者的满意和信任（张德鹏等，2020）。在平台型购物网站的关系质量研究中，有研究者认为关系质量包括顾客满意和顾客信任两个维度（董晓舟，2015）。对于关系质量的类型，依据双边关系质量在投入、状态和内容上的差异，双边关系质量可以分为经济型和社会型两类（李丹等，2021）。一些研究者还探讨了感知公平、感知价值、口碑、品牌契合、环境责任感、外包效果、不同嵌入关系情境等对关系质量的影响作用（Jessica 等，2015）。在服务失败情景下，相对于偶遇关系的消费者，信任关系的消费者对网店的关系质量更好，且关系质量对消费者重购意愿有显著正向影响（赵延昇和王仕海，2012），在网购服务失败情景下，消费者感知风险将会提升消费者负面情绪（Wei，2021）。无论在一般服务情景下，还是在服务失败情景下，消费者负面情绪将降低对商家的信任和满意，即降低消费者与商家的关系质量（钱佳佳，2018；谭保华，2019）。设想在现实的 OTA 平台生态圈中，当服务提供商产生服务失败后，消费者将会感到失望、愤怒和后悔等，从而降低消费者与服务提供商之间的关系质量。同时，由于消费者是通过 OTA 平台进行旅游服务预订的，发生服务失败后，消费者负面情绪也将损害消费者和 OTA 平台的关系质量。因此，本章提出以下 2 个研究假设：

H1：消费者负面情绪负向影响消费者和服务提供商的关系质量。

H2：消费者负面情绪负向影响消费者和 OTA 平台的关系质量。

在广义的平台生态圈服务补救情景下，通过实证研究发现"消费者—服务者"关系质量对"消费者—平台"关系质量存在正向影响关系（Wei 等，2021）。而 OTA 平台生态圈与广义的平台生态圈存在相似的三元互动关系模式，商业运营模式也具有很大的可比拟性。设想消费者在 OTA 平台预订了一家酒店（服务提供商），并由于酒店原因产生了服务失败，气愤的消费者与酒店之间的关系将变得很糟，进而消费者会认为 OTA 平台的管理不善，将不可避免的迁怒于 OTA 平台，从而降低消费者和 OTA 平台的关系质量。因此，本章提出以下研究假设：

H3：消费者和服务提供商的关系质量正向影响消费者和 OTA 平台的关系质量。

5.2.2 消费者重购意愿和消费者宽恕

消费者购买意愿是消费者心理学领域研究的热点之一。齐永智和张梦霞（2021）认为消费者购买意包括消费者初始购买意愿与消费者重购意愿。消费者重购意愿是指消费者希望与商家继续或维持一种关系的意向，是能有效增加消费者未来再次购买的意愿（梅健，2016）。Lin 和 Lekhawipat（2014）研究结果证实，顾客满意度是调整预期和顾客重购意愿的重要驱动力，调整后的预期确实会中介顾客重购意愿的影响。徐哲俊等（2018）研究表明，服务失败对顾客满意度和顾客重购意愿具有显著的负向影响，同时，顾客满意度对顾客重购意愿有显著的正向影响。Lee（2018）对旅行社进行了研究，研究结果证实在关系质量对消费者重购意愿有正向影响作用。赵延昇和王仕海（2012）研究证实，在网购服务补救情景下，商家与消费者的关系质量对消费者重购意愿存在显著正向影响。在 OTA 平台服务失败和服务补救情景下，消费者和 OTA 平台的关系质量越强，消费者重购意愿也将越强。从以上分析可以看出，消费者和 OTA 平台的关系质量在消费者负面情绪与消费者重购意愿之间发挥了中介效应。此外，"消费者—服务提供商"关系和消费者和 OTA 平台的关系质量在消费者负面情绪和消费者重购意愿之间发挥了链式中介效应。因此，本章提出以下 3 个研究假设：

H4：消费者和 OTA 平台的关系质量正向影响消费者重购意愿。

H5：消费者和 OTA 平台的关系质量在消费者负面情绪与消费者重购意愿之间发挥了中介作用。

H6：消费者和服务提供商的关系质量、消费者和 OTA 平台的关系质量在消费者负面情绪和消费者重购意愿之间发挥了链式中介效应。

在服务失败情景下，消费者宽恕是指消费者在经历服务失败后，通过释放自身负面情绪，从而对商家失误或者冒犯行为选择体谅、宽容，以改善双方关系的心理变化过程（黄珍和常紫萍，2020）。个体认知、情感、关系质量和情境因素都将影响消费者宽恕（孙乃娟，2012）。在品牌危机情景下，较大的主观时间距离对品牌宽恕有正向影响，而与具体的心态相比，抽象的心态对品牌宽恕的影响更大（Ho，2020）。马瑞婧等（2021）研究证实道歉形式（有表情符号 VS. 无表情符号）对消费者宽恕意愿有显著影响，移情终结了道歉形式对消费者宽恕意愿的影响，失误严重性在道歉形式对移情和消费者宽恕意愿的影响中起到调节作用。

也有研究证实，服务失败的归因性、严重性显著负向影响消费者宽恕，而品牌信任、品牌亲密和同理心显著正向影响消费者宽恕（全冬梅和李慧翠，2021）。在前文中已分析过，在服务补救情景下，如果消费者和 OTA 平台的关系质量较好，将提升消费者重购意愿。在此基础上，如果消费者的宽恕意愿较强，这将进一步的提高消费者重购意愿。因此，消费者宽恕将在消费者和 OTA 平台的关系质量与消费者重购意愿之间起到正向调节效应。因此，本章提出以下研究假设：

H7：消费者宽恕在消费者和 OTA 平台的关系质量与消费者重购意愿之间发挥了正向调节效应。

根据以上文献综述和研究假设，构建本章的研究模型如图 5-1 所示。

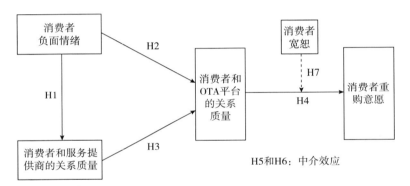

图 5-1 本章的研究模型

5.3 研究设计

5.3.1 实验设计

本章采用情景实验法进行研究数据采集和分析。为了提高本章情景实验的外部效度，情景实验的材料来自中国新闻媒体报道的 OTA 平台服务失败和服务补救案例，也参考了文化和旅游部公布的 OTA 平台服务投诉案例。在此基础上，研究者根据研究需要，对相关案例进行了适度改编。

本情景实验的背景是：杭州的郝先生在某 OTA 平台预订了酒店，入住后发现房间的门锁是坏的，而且房间还有蟑螂，因此郝先生要求退款，但遭到酒店和 OTA 平台的拒绝，而且酒店服务人员对郝先生还进行嘲讽，引起他的不满。后来郝先生对酒店及 OTA 平台进行了投诉和自媒体曝光，对他们的企业形象造成了一定的负面影响，影响了销售业绩。

在情景实验中，服务补救情景设计为 2（高消费者负面情绪 VS. 低消费者负面情绪）×2（高消费者宽恕 VS. 低消费者宽恕），共 4 种情景。因此，我们共设计了 4 个服务补救情景。在情景实验中，将被试者随机划分为 4 组，每组设定在一种情景下。

情景 1（高消费者负面情绪×高消费者宽恕）：郝先生进行投诉后，OTA 平台与酒店对服务失败进行了服务补救。由于郝先生遭受了服务失败，对 OTA 平台和酒店产生了很强的负面情绪，比较愤怒，并通过 OTA 平台的评论区等表达了他的负面情绪。此外，由于 OTA 平台和酒店进行了有效的服务补救，弥补了郝先生的经济损失和精神损失，郝先生对 OTA 平台和酒店的宽恕意愿较强。

情景 2（高消费者负面情绪×低消费者宽恕）：郝先生进行投诉后，OTA 平台与酒店对服务失败进行了服务补救。由于郝先生遭受了服务失败，对 OTA 平台和酒店产生了很强的负面情绪，比较愤怒，并通过 OTA 平台的评论区等表达了他的负面情绪。同时，虽然 OTA 平台和酒店进行了服务补救，但郝先生认为服务补救效果不理想，没有弥补其经济损失和精神损失，郝先生对 OTA 平台和酒店的宽恕意愿比较弱。

情景 3（低消费者负面情绪×高消费者宽恕）：郝先生进行投诉后，OTA 平台与酒店对服务失败进行了服务补救。虽然郝先生在服务失败中遭受了损失，但他情绪控制能力较好，负面情绪较弱，情绪比较稳定。同时，由于 OTA 平台和酒店进行了有效的服务补救，弥补了郝先生的经济损失和精神损失，郝先生对 OTA 平台和酒店的宽恕意愿较强。

情景 4（低消费者负面情绪×低消费者宽恕）：郝先生进行投诉后，OTA 平台与酒店对服务失败进行了服务补救。虽然郝先生在服务失败中遭受了损失，但他情绪控制能力较好，负面情绪较弱，情绪比较稳定。虽然 OTA 平台和酒店进行了服务补救，但郝先生是个理智的人，认为服务补救没有达到他的预期，服务补救效果不理想，没有弥补其经济损失和精神损失，郝先生对 OTA 平台和酒店的宽恕意愿比较弱。

5.3.2 变量测量

在情景实验中，研究者要求被试者阅读选定的情景实验材料后填写调查问卷。因此，本章需要开发情景实验的调查问卷。调查问卷的测量变量共有 5 个：消费者负面情绪、消费者和服务提供商的关系质量、消费者和OTA 平台的关系质量、消费者宽恕、消费者重购意愿。研究者为确保 5个变量测量的科学性和针对性，参考了权威文献的测量量表，并根据OTA 平台生态圈的服务失败和服务补救情景进行了相应的修改。其中，消费者负面情绪的测量题项参考了方淑杰等（2019）、Wei 和 Lin（2022）的负面情绪量表，设置了 5 个测量题项。消费者与服务提供商的关系质量量表和消费者与 OTA 平台的关系质量量表参考了 Jessica 等（2015）、汪旭晖和郭一凡（2018）、Wei 等（2021）的关系质量量表，分别设置了 4个测量题项。消费者宽恕的测量量表参考了陈斯允等（2020）、Finkel 等（2002）的量表开发成果，设置了 5 个测量题项。消费者重购意愿的测量量表参考了 Lee（2018）、齐永智和张梦霞（2021）的研究成果，设置了4 个测量题项。因此情景实验的调查问卷共有 5 个变量，22 个测量题项。

调查问卷的 22 个测量题项均采用 Likert 5 点尺度进行测量，选项包括"非常符合、符合、基本符合、不太符合、不符合"。在调查问卷开发过程中，为提高调查问卷质量，研究者还邀请了 12 位具有 OTA 平台生态圈服务经历的桂林市的市民，4 位消费心理学和旅游管理的教授对问卷初稿的变量划分、测量题项设置、表达方式等进行了修正，使问卷更加科学和可行。

5.3.3 预实验

为检验实验的有效性，本章在正式实验之前开展了预实验。本章参考了方淑杰等（2019）的预实验做法，预实验主要是对情景真实性与变量操控进行检验。预实验使用内部一致性较高的大学生群体，因为大学生是 OTA 平台生态圈消费的活跃群体，很适合作为预实验的被试者。在预实验中，共有 44 名来自桂林市的大学生参加了预实验，他们都有 OTA 平台生态圈的消费经历，其中女生 23 人，占比为 52.27%，男生 21 人，占比为 47.63%，男生和女生人数基本相当。

研究者将被试者按照随机的方法分配到情景 1、情景 2、情景 3 和情景 4 中，共 4 组，每组 11 人。在预实验操作中，研究者要求 44 位被试者认真看完所指定的实验情景的文字内容，研究者对实验情景进行讲解，使被试者沉浸在该情景之中。随后，被试者根据自己在该情景中的心理感知和行为意向填写调查问卷。

在数据分析方面，为检验实验情景的可信度和变量的操控的有效性，研究者对预实验的问卷调查数据进行了独立样本 T 检验。通过数据分析表明，本章预实验的实验情景具有较高的可信度（均值为 3.81，李克特 5 点尺度）。研究结果显示，在高消费者负面情绪的情景实验条件下，被试者对 OTA 平台服务失败的负面情绪倾向更高（$M_{高消费者负面情绪}$ = 4.36，$M_{低消费者负面情绪}$ = 2.29，T = 2.142，DF = 35，p<0.05）。而在高消费者宽恕的情景实验条件下，被试者对 OTA 平台生态圈服务失败的宽恕意愿更强（$M_{高消费者宽恕}$ = 4.51，$M_{低消费者宽恕}$ = 2.64，T = 5.31，DF = 44，p<0.00）。通过对以上预实验的独立样本 T 检验，本章认为消费者负面情绪和消费者宽恕的变量操控是成功的。

5.3.4 正式实验

本章的正式实验时间为 2022 年 2 月 19 日至 3 月 5 日。正式实验的被试者是桂林市、南宁市和玉林市的市民，以及桂林市下辖的平乐县和阳朔县的农民。在正式实验中，研究者负责总体实验的设计和安排，4 名硕士研究生、21 名社区和村委会的基层工作人员参与组织了正式实验工作。我们从以下两个途径获得正式实验的被试样本：一是我们与桂林市、南宁市和与玉林市的社区（城市的基层管理组织）合作，通过各个社区的钉钉群和微信群征集合格被试者，要求被试者具有 OTA 平台生态圈三次以上的购买经历；二是我们与平乐县和阳朔县的村委会（农村的基层管理组织）合作，通过村委会的 QQ 群和微信群征集被试者，也要求被试者具有 OTA 平台生态圈三次以上的购买经历。此外，为了鼓励合格的被试者积极参与情景实验，研究者给予每位参与情景实验的被试者 50 元的现金或价值 50 元的桂林三花酒 1 瓶，所需要的经费从研究者的研究项目的经费中支付。

由于被试者分布在不同的城市和农村，正式实验分 11 次完成。在每次实验中，实验组织者要求所有被试者对照随机分配的模拟情景，认真阅读情景实验材料，研究者引导被试者将自身置于实验情景之中，随后指导被试者填写问卷。研究者为提高调查问卷填写质量，对调查问卷内容和维度进行了解释，并让被试者在自由的私人空间填写问卷，减少他人的干扰。

正式实验共回收调查问卷 328 份，剔除不完整问卷及答案前后矛盾的问卷，有效问卷为 306 份，有效率为 93.29%。表 5-1 显示了正式实验被试者的样本结构。

表 5-1 正式实验被试者的样本结构　　　　　　　　单位：人，%

一级指标	二级指标	样本量	百分比	一级指标	二级指标	样本量	百分比
性别	男性	148	48.36	学历	高中及以下	115	37.58
	女性	158	51.64		大学专科	97	31.70
来源	桂林市	87	28.43		大学本科	76	24.84
	南宁市	72	23.52		硕士和博士	18	5.88
	玉林市	69	22.54	职业	企业人员	65	21.24
	平乐县	37	12.09		专业技术人员	58	18.95
	阳朔县	41	13.40		个体户	51	16.66
年龄	25 岁及以下	77	25.16		公务员	13	4.25
	26~35 岁	102	33.33		学生	27	8.82
	36~59 岁	99	32.35		农民	78	25.49
	60 岁及以上	28	9.15		其他	14	4.58

5.4 数据分析

5.4.1 共同方法偏差检验

共同方法变异（Common Method Variance，CMV）是由于使用同种测量工具而产生的虚假共同变异，常见于自陈量表测量的数据中（熊红星等，2013）。Podsakoff 等（2003）认为由 CMV 引起的偏差称为共同方法偏差（Common Method Bias，CMB）。在情景实验中，我们使用调查问卷测量消费者负面情绪、消费者宽恕等 5 个变量，这些测量量表属于自陈量表，可能会存在共同方法偏差，因此进行共同方法偏差检验是非常必要的。

学术界一般通过探索性因子分析（Exploratory Factor Analysis，EFA）检验 CMB。在 EFA 中，因子解释的变异越多，说明偏差越严重（Podsakoff 等，2003）。汤丹丹和温忠麟（2020）认为，用 EFA（未旋转）得到的单因子解释变异不超过 40%，则 CMB 通过检验。在本章采用 EFA 检验 CMB，检验结果显示，共析出公因子数 22 个，第一公因子的方差解释百分比为 21.24%，明显小于 40%，说明情景实验的问卷调查数据不存在严重的共同方法偏差。

5.4.2 信度和效度检验

当前一般采用 Cronbach's α 系数来衡量问卷数据的信度，信度检验的标准是 Cronbach's α 大于 0.70（Hair 和 Black，2006）。本章的信度分析如表 5-2 所示，消费者负面情绪、消费者和服务提供商的关系质量、消费者和 OTA 平台的关系质量、消费者宽恕、消费者重购意愿的 Cronbach's α 均大于 0.70，因此，本章的情景实验的调查问卷数据通过了信度检验。

表 5-2 信度、收敛效度和建构效度检验

变量	测量题项	因子载荷	T 值	Cronbach's α	CR	AVE
消费者 负面情绪	我对服务补救感到失望	0.863	3.276	0.806	0.894	0.629
	我抱怨服务失败	0.774	2.941			
	我对服务提供商感到愤怒	0.799	2.488			
	我后悔我的购买选择	0.812	3.023			
	我将不配合服务补救	0.709	5.107			
消费者和 旅游提供 商的关系 质量	我与旅游提供商沟通顺畅	0.894	6.449	0.735	0.847	0.583
	旅游提供商履行了自己的承诺	0.734	5.137			
	我更加信任旅游提供商	0.726	3.908			
	我对旅游提供商形成了情感依赖	0.682	3.012			
消费者和 OTA 平台的 关系质量	OTA 平台是公平公正的	0.777	4.014	0.844	0.860	0.606
	OTA 平台是可以信赖的	0.743	5.138			
	OTA 平台对我很有吸引力	0.861	6.922			
	我更加信任 OTA 平台	0.726	4.971			
消费者宽恕	我认为服务失败是不可避免的	0.817	4.408	0.793	0.855	0.596
	我原谅了服务人员	0.722	3.753			
	服务补救使我产生了宽恕意愿	0.697	4.626			
	我接受了商家的道歉	0.843	5.825			
消费者 重购意愿	我将继续在 OTA 平台预订服务	0.674	2.034	0.868	0.876	0.587
	我将向周围人推荐 OTA 平台	0.873	3.906			
	我将成为 OTA 平台的忠实消费者	0.772	3.542			
	我更加信任 OTA 平台	0.765	5.857			
	我会维护 OTA 平台的信誉	0.734	6.639			

在内容效度方面，5 个变量的测量题项均参考已发表的权威学术期刊，结合 OTA 平台生态圈服务失败和服务补救情景进行了针对性的修改，并征求了相关专家的建议，因此调查问卷在内容效度方面通过了检验。在收敛效度方面，由表 5-2 可知，22 个题项的标准化载荷载系数均大于0.50，T 值也均大于 1.96，消费者负面情绪、消费者和服务提供商的关系质量等 5 个变量的组合信度（CR）值均大于 0.70，平均提炼方差（AVE）均大于 0.50，符合 Hair 和 Black（2006）、吴明隆（2010）关于

收敛效度的检验标准，本情景实验的调查问卷数据通过了收敛效度检验。

区别效度检验如表 5-3 所示，消费者负面情绪、消费者和服务提供商的关系质量等 5 个变量的平均提炼方差（AVE）的平方根值都大于该变量与其他变量之间的相关系数，符合吴明隆（2010）的区别效度检验标准，说明问卷数据具有较好的区别效度。在建构效度检验中，学术界认为良好的研究模型标准是 χ^2/df 要小于 5，CFI 和 TLI 要大于 0.90，SRMR 要小于 0.05，RMSEA 要小于 0.1（吴明隆，2010）。表 5-4 显示了研究模型的拟合度：χ^2/df 为 3.045，CFI 和 TLI 分别为 0.946 和 0.943，SRMR 为 0.038，RMSEA 为 0.056，因此，研究模型达到了良好模型的标准，通过了建构效度检验。

表 5-3　相关系数和 AVE 的平方根

变量	1	2	3	4	5
消费者负面情绪	0.793	——	——	——	——
消费者和服务提供商的关系质量	−0.507	0.764	——	——	——
消费者和 OTA 平台的关系质量	−0.285	−0.616	0.778	——	——
消费者宽恕	−0.532	0.631	0.496	0.772	——
消费者重购意愿	−0.438	0.473	0.597	0.628	0.766

注：对角线上值为 AVE 的平方根，其他数据为对应变量之间的相关系数。

表 5-4　研究模型适配度

适配指数	χ^2	df	χ^2/df	CFI	TLI	SRMR	RMSEA
指数值	261.862	86	3.045	0.946	0.943	0.038	0.056

5.4.3　研究假设检验

5.4.3.1　直接影响关系检验

在直接影响关系和调节效应进行检验中，研究者将使用 SPSS25.0 软件对研究数据进行多层次回归分析。研究者对自变量和调节变量进行了中心化分析处理，以避免产生多重共线性问题。研究数据显示，方差膨胀因子（VIF）在 3.925~6.698 之间，低于经验值 10，证实研究模型不存在多重共线性问题。如表 5-5 所示，本研究显示了多层次回归的结果，这些研究结果用来分析直接影响关系和调节效应。

表 5-5　多层次回归分析

变量	消费者和服务提供商的关系质量		消费者和OTA平台的关系质量				消费者重购意愿	
	模型 1	模型 2	模型 3	模型 4	模型 5	模型 6	模型 7	模型 8
截距	3.438 **	2.599 *	3.281 **	2.784 *	3.627 ***	3.427 **	2.832 *	3.268 **
控制变量								
性别	0.011	0.012	0.034	0.024	0.043	0.082	0.028	0.048
来源	0.008	0.014	0.008	0.045	0.017	0.033	0.091	0.027
年龄	0.063	0.036	−0.066	0.002	−0.111	−0.024	−0.079	−0.046
学历	0.037	0.021	−0.032 *	0.103 *	0.014	0.051	0.036	0.019 *
职业	0.014	0.023	0.024	0.092	0.025	0.014	0.037	0.032
自变量								
消费者负面情绪	—	−0.685 *	−0.504 *	—	—	—	—	—
消费者和服务提供商的关系质量	—	—	—	—	0.723 ***	—	—	—
消费者和OTA平台的关系质量	—	—	—	—	—	—	—	0.511 *
调节变量								
消费者宽恕	—	—	—	—	—	—	—	0.246 **
交互项								
消费者和OTA平台的关系质量×消费者宽恕	—	—	—	—	—	0.324 *	—	—
R^2	0.039	0.236	0.103	0.124	0.294	0.212	0.129	0.234
ΔR^2	—	0.063	0.083	—	0.059	0.087	—	0.065
F	4.102 **	2.517 *	4.073 **	2.087 *	3.423 *	2.746 *	3.554 *	2.959 **

注：*** 表示 $p<0.001$，** 表示 $p<0.01$，* 表示 $p<0.05$。

在表 5-5 中，本章通过构建模型 1、模型 2 和模型 3 对消费者负面情绪与消费者和服务提供商的关系质量、消费者和 OTA 平台的关系质量之间的直接影响关系进行了检验。模型 1 是控制变量（性别、来源、年龄、学历和职业）对消费者和服务提供商的关系质量进行回归，研究结果显示，各控制变量与消费者和服务提供商的关系质量之间的影响关系在统计上不显著。模型 2 显示消费者负面情绪与消费者和服务提供商的关系质量之间存在显著的负向影响关系（$\beta = -0.685$，$p<0.05$）。模型 3 显示了消费者负面情绪与消费者和 OTA 平台的关系质量之间存在显著的负向影响关系（$\beta = -0.504$，$p<0.05$）。此外，模型 1、模型 2 和模型 3 均通过 F 检验，ΔR^2 大于零，显示模型的解释力度逐渐增强，因此研究假设 H1 和研究假设 H2 通过研究假设检验。

本章通过构建模型 4 和模型 5 对消费者和服务提供商的关系质量与消费者和 OTA 平台的关系质量的直接影响关系进行了检验。首先将控制变量纳入模型 4 中，除了学历以外，其他的控制变量与消费者和 OTA 平台的关系质量的影响关系在统计上不显著。其次按照逐层纳入的方法，本章将消费者和服务提供商的关系质量纳入模型 5 中，研究结果显示消费者和服务提供商的关系质量对消费者和 OTA 平台的关系质量存在显著的正向影响关系（$\beta = 0.723$，$p<0.001$），因此研究假设 H3 通过检验。

为了检验消费者和 OTA 平台的关系质量对消费者重购意愿的影响关系，本章构建模型 7 和模型 8。与之前的方法一样，首先，将控制变量纳入模型 7 中，显示性别、年龄、学历职业等控制变量对消费者重购意愿的影响关系在统计上并不显著。其次，本章将消费者和 OTA 平台的关系质量纳入模型 8 中，研究结果显示消费者和 OTA 平台的关系质量对消费者重购意愿产生显著的正向影响作用（$\beta = 0.511$，$p<0.05$），研究结果支持研究假设 H4。

5.4.3.2　调节效应检验

本章通过多层次回归法对调节效应进行检验。由表 5-5 可知，在模型 6 中，对消费者宽恕在消费者和 OTA 平台的关系质量与消费者重购意愿之间的调节作用进行了检验。本章的多层次回归分析结果显示，消费者和 OTA 平台的关系质量与消费者宽恕的交互项系数为正，且在统计上显著（β=0.324，p<0.05），证实在 OTA 平台服务补救情景下，消费者宽恕在消费者和 OTA 平台的关系质量与消费者重购意愿之间的影响关系中发挥了正向调节效应，研究假设 H7 得到支持。

为了更直观地显示消费者宽恕在消费者和 OTA 平台的关系质量与消费者重购意愿之间的调节作用，本章绘制了调节效应图，如图 5-2 所示。本图中的简单斜率检验结果显示，当消费者宽恕较低时，消费者和 OTA 平台的关系质量对消费者重购意愿产生较弱的正向影响（β=0.211，p<0.05）。当消费者宽恕较强时，对消费者和 OTA 平台的关系质量对消费者重购意愿产生较强的正向影响（β=0.704，p<0.01）。因此，在消费者宽恕提升了消费者和 OTA 平台的关系质量对消费者重购意愿的正向影响作用，起到发挥正向调节效应，研究假设 H7 得到进一步验证。

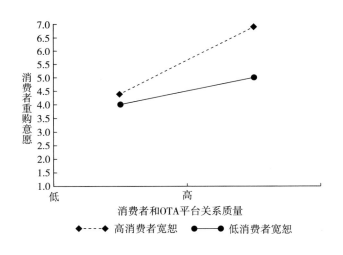

图 5-2　调节效应图

5.4.3.3　中介效应检验

本章两个中介效应（研究假设 H5 和研究假设 H6）均属于简单中介

效应。Preacher 等（2007）认为在简单中介效应检验中，相对于逐步回归法，使用 Bootstrap 方法进行简单中介检验将具有优越性。本章参考了陈瑞等（2013）的中介检验操作方法，本章在 SPSS25.0 中安装了 PROCESS 插件，在操作 SPSS25.0 时，选择"Analyze-Regression-PROCESS"进行操作，把操作变量选入选项框，选择模型 4，将 Bootstrap 的抽样设为 5000 次，取样方法选择"Bia Corrected"，设置 95% 的置信区间，然后运行运算。

参考马灿和周文斌（2020）的操作方法，为进一步确认链式中介作用的存在，本章构建了竞争模型与链式中介作用模型。学术界一般认为良好模型要具有以下标准：χ^2/df 小于 5，CFI 和 TLI 大于 0.90，SRMR 小于 0.05，RMSEA 小于 0.1（吴明隆，2010）。如表 5-6 所示，竞争模型的 χ^2/df 为 6.704，其他拟合度指标值，如 CFI、TLI 和 SRMR 等也没有达到良好模型要求。而链式中介模型的 χ^2/df 为 3.538，其他拟合度指标值，如 CFI、TLI、SRMR 和 RMSEA 等也均达到良好模型的标准，这证实了链式中介效应的确存在。

表 5-6   中介效应竞争模型检验

模型	χ^2	df	χ^2/df	CFI	TLI	SRMR	RMSEA
链式中介模型	53.072	15	3.538	0.929	0.925	0.044	0.074
竞争模型（并列中介）	127.367	19	6.704	0.743	0.787	0.071	0.124

中介效应检验如表 5-7 所示，中介效应路径"消费者负面情绪→消费者和 OTA 平台的关系质量→消费者重购意愿"的间接效应值为 0.219，占总效应的比例为 31.60%，表明消费者和 OTA 平台的关系质量在消费者负面情绪与消费者重购意愿之间发挥了中介作用，研究假设 H5 通过检验。中介效应路径"消费者负面情绪→消费者和服务提供商的关系质量→消费者和 OTA 平台的关系质量→消费者重购意愿"的间接效应值为 0.237，占总效应的比例为 34.20%，表明消费者和服务提供商的关系质量

和消费者和 OTA 平台的关系质量在消费者负面情绪和消费者重购意愿之间发挥了链式中介效应，研究假设 H6 通过检验。总中介作用和 2 个中介作用的置信区间均不包含 0 值，证明了在统计上显著。总中介作用为 0.456，占总效应的比例为 65.80%。

表 5-7　中介效应检验　　　　　　　　单位：%

中介作用路径	间接效应值	标准误 Boot SE	上限 Boot CI	下限 Boot CI	效应比例
消费者负面情绪→消费者和 OTA 平台的关系质量→消费者重购意愿	0.219	0.007	0.325	0.113	31.60
消费者负面情绪→消费者和服务提供商的关系质量→消费者和 OTA 平台的关系质量→消费者重购意愿	0.237	0.008	0.357	0.114	34.20
总中介作用	0.456	0.024	0.617	0.295	65.80
总效应	0.693	0.019	0.822	0.392	100.00

5.5　结论与讨论

5.5.1　研究结论与理论贡献

本章使用情景实验法对 OTA 平台服务补救的消费者负面情绪、关系质量和消费者重购意愿之间的影响机制进行了探讨。本章的研究结论和理论贡献主要体现在以下几个方面：

第一，本章研究结果显示，在 OTA 平台服务补救情景下，消费者负面情绪负向影响消费者与服务提供商的关系质量（$\beta=-0.685$，$p<0.05$），研究假设 H1 通过检验。消费者负面情绪负向影响消费者与 OTA 平台的关系质量（$\beta=-0.504$，$p<0.05$），研究假设 H2 也通过检验。此外，消费

者与服务提供商的关系质量正向影响消费者与 OTA 平台的关系质量（β=0.723，p<0.001），研究假设 H3 也通过检验。对于以上研究结论，我们分析认为，在服务失败情景下，消费者产生负面情绪是不可避免的，他们会直接对将服务提供商产生不满，并迁怒于 OTA 平台，因此消费者负面情绪将降低消费者与服务提供商的关系质量和消费者与 OTA 平台的关系质量，而消费者和服务提供商的关系质量将正面影响消费者与 OTA 平台的关系质量。在理论贡献方面，虽然前人对于负面情绪与关系质量之间的关系研究较多，如钱佳佳（2018）、谭保华（2019）认为消费者负面情绪将降低消费者与商家的关系质量，但当前学术界基于 OTA 平台生态圈服务补救情景的相关研究还比较缺乏。因此，本章将研究情景延伸到 OTA 平台生态圈服务补救情景，从而拓展了负面情绪和关系质量的研究视野，深化了两者之间关系的研究，丰富了其理论适用情景，从而有利于完善服务失败和服务补救的理论积累。

第二，实证结果显示，在 OTA 平台生态圈服务补救情景下，消费者与 OTA 平台的关系质量正向影响消费者重购意愿（β=0.511，p<0.05），研究假设 H4 通过了检验。同时，本章还使用 Bootstrap 方法检验了中介效应路径"消费者负面情绪→消费者和 OTA 平台的关系质量→消费者重购意愿"的间接效应值为 0.219，占总效应的比例为 31.60%，表明消费者与 OTA 平台的关系质量在消费者负面情绪与消费者重购意愿之间发挥了中介效应，研究假设 H5 通过检验。中介效应路径"消费者负面情绪→消费者和服务提供商的关系质量→消费者和 OTA 平台的关系质量→消费者重购意愿"的间接效应值为 0.237，占总效应的比例为 34.20%，表明消费者与服务提供商的关系质量和消费者与 OTA 平台的关系质量在消费者负面情绪和消费者重购意愿之间发挥了链式中介效应，研究假设 H6 通过检验。对于以上研究结论，我们分析认为，如果消费者与 OTA 平台的关系质量提升，将提升消费者在 OTA 平台的再次购买意愿。在本章的模型中，消费者与 OTA 平台的关系质量在消费者负面情绪与消费者重购意愿之间发挥了中介作用，消费者与服务提供商的关系质量和消费者与 OTA

平台的关系质量在消费者负面情绪和消费者重购意愿之间发挥了链式中介效应。本章结论就具有一定的在理论贡献，本章结论是对 Lee（2018）、赵延昇和王仕海（2012）等研究成果的发展，因为前人的研究虽然探讨了关系质量对消费者重购意愿的关系，但这些研究是在网购和传统旅行社情景下进行的相关探讨，没有涉及 OTA 平台生态圈服务补救情景。因此，本章将关系质量和消费者重购意愿引入到 OTA 平台生态圈服务补救情景，实现了研究情景的创新，拓展了研究视野。

第三，本章研究结果还显示，在 OTA 平台生态圈服务补救情景下，消费者宽恕在消费者与 OTA 平台的关系质量和消费者重购意愿之间发挥了正向调节效应（β = 0. 324，p<0. 05），研究假设 H7 通过了检验。本章的这一研究结论是对黄珍和常紫萍（2020）、Ho（2020）和全冬梅和李慧翠（2021）等研究结论的发展，因为当前学术界对于 OTA 平台生态圈服务补救情景的消费者宽恕在关系质量与消费者重购意愿之间的调节效应还缺乏研究，因此本章拓展了关系质量和消费者宽恕理论的适用情景，特别是有利于更好地解释消费者宽恕在 OTA 平台生态圈服务补救中的调节效应，丰富关系质量、消费者宽恕和服务补救的理论内涵。

5.5.2　实践启示

首先，OTA 平台和酒店要在服务补救中对消费者负面情绪进行引导和管理。在服务失败发生后，由于旅游服务没有达到消费者的期望，消费者金钱和时间上遭受了损失，会对 OTA 平台和酒店产生不满、失望和愤怒等负面情绪。而消费者负面情绪将降低消费者与服务提供商的关系质量和消费者与 OTA 平台的关系质量。因此，在服务补救中，OTA 平台和酒店要通过心理专家和旅游服务专家设计科学的消费者负面情绪管理方案，并通过心理咨询师和资深服务人员对消费者进行心理引导和情绪管理，消除和减少消费者负面情绪。此外，在服务补救中，要针对消费者个体差异开展个性化负面情绪疏导，提高服务补救针对性和科学性，从而降低消费者负面情绪，提高消费者和服务提供商的关系质量，以及消费者与 OTA

平台的关系质量。

其次，OTA平台和服务提供商都要培育与消费者的良好的关系质量，这是提高消费者重购意愿的关键。研究结果显示，消费者与OTA平台的关系质量对消费者重购意愿产生正向影响作用，而消费者与服务提供商的关系质量对消费者与OTA平台的关系质量产生正向影响作用。可以看出，消费者和服务提供商的关系质量是形成消费者与OTA平台的关系质量的基础，只有消费者与服务提供商之间关系改善了，才能提高消费者与OTA平台的关系质量，存在一定的"爱屋及乌"效应。而当消费者与OTA平台的关系质量提升时，将直接提高消费者重购意愿。因此，服务提供商在服务补救中要改进补救方法和补救策略，采取科学的补救方法平息消费者的抱怨，善于接近消费者，平息消费者不满情绪，恢复和提高消费者与服务提供商的关系质量。同时，服务提供商要引导消费者改善与OTA平台之间的关系，例如，宣传OTA平台的便利性、安全性以及价格优惠措施，提高消费者与OTA平台的关系质量。

最后，在服务补救中，OTA平台和酒店要通过各种措施提高消费者宽恕意愿。本章研究结果显示，消费者宽恕在消费者和OTA平台的关系质量与消费者重购意愿之间发挥了正向调节效应。因此，在服务补救中，OTA平台和酒店要努力引导消费者对服务失败和服务补救行为进行谅解和宽恕。在具体措施上，OTA平台和酒店应该及时成立应急公关团队，向消费者详细解释产生服务失败的原因，主动承担责任，公平公正进行服务服务补救。同时，要通过一定的物质补偿来降低服务失败后的消费者负面情绪，提升关系质量，从而提高消费者宽恕意愿。

5.5.3 研究局限和展望

首先，在研究内容方面，本章探讨了OTA平台生态圈服务补救情景下的消费者负面情绪、关系质量对消费者重购意愿之间的关系，并检验了消费者宽恕的调节效应，但并未涉及情绪感染、认知失调和刻板效应等方面的研究，而这些因素对关系质量和消费者重购意愿可能会产生一定的影响。因此，今后的研究中，我们将尝试探讨情绪感染、认知失调和刻板效应等变量在服务补救中的影响作用，以更好地解释 OTA 平台服务补救影响机制。

其次，在研究样本来源方面，本章的实验样本来源于桂林市、南宁市和玉林市的市民，以及桂林市下辖的平乐县和阳朔县的农民。因此，在今后的研究中，我们需要扩大样本来源，特别是增加发达欧洲国家和美洲国家的研究样本，使得研究结论更加具有可推广性。

最后，在研究方法方面，本章的研究方法是情景实验法，并在情景实验法中使用问卷采集研究数据。但是情景实验法也有弊端，因为它采集的研究数据均来源于消费者的主观评价。因此，在今后的研究，我们还将同时采集消费者的客观数据，这些数据是 OTA 平台而产生的数据，这些数据可以使用网络爬虫法等获取，包括服务补救后消费者再次光临 OTA 平台的时间、登录次数、留言次数、购买金额等。

第6章

心理韧性视角下的OTA平台生态圈服务补救效果影响机制研究

6.1 引言

　　旅游已经成为人们生活中的重要部分。2023 年中国人均旅游消费为 701 美元，较 2020 年增长了 31.3%。在线旅行社是互联网与旅游业的融合的旅游商业模式，已经成为旅游产业链的关键环节，是促进旅游消费、带动旅游产业发展的重要力量。OTA 平台正在颠覆传统的旅游商业模式。因为传统的旅游商业模式是"酒店—消费者"二元互动模式，是酒店直接与消费者进行交易和提供服务，没有第三方参与。而 OTA 平台将传统的"酒店—消费者"二元互动模式的拓展为"酒店—OTA 平台—消费者"三元互动模式（刘秀春和傅联英，2021；Wei 等，2021）。因此"酒店—OTA 平台—消费者"形成了一个 OTA 平台生态圈。在 OTA 平台生态圈内，消费者通过 OTA 平台进行酒店预订，并可以在 OTA 平台的平台上发表评论等，酒店需要向 OTA 平台支付费用，并对消费者提供直接的服务。目前，酒店为了扩大自己的营销能力和竞争优势，纷纷加入了 OTA 平台，如 Airbnb、Ctrip 和 TripAdvisor 等。因为消费者可以很方便地通过 OTA 平台了解各个酒店的产品价格、服务、位置、类型和消费者评论等，从而满足了消费者的多元化需求和喜好。因此，与传统的旅游商业模式相比，OTA 平台生态圈具有明显的优势。

　　但在 OTA 平台生态圈运营过程中，由于具有服务的基本特性，服务失败是不可避免且经常发生的。在这些服务失败中，主要是酒店引起的，因为酒店直接对消费者提供服务。例如，2023 年 4 月 27 日，李先生通过某 OTA 平台预订了 5 月 1~4 日的广州 A 酒店。5 月 1 日入住后，发现入住房间比较比 OTA 平台显示得小很多，而且房间卫生很差，有蟑螂爬行。李先生要求酒店更换房间或者退回费用，但酒店以没有房间为由，拒绝更换房间和费用。双方进行了争执，酒店服务员工的态度比较恶劣，严重伤害了李先生。李先生通过政府部门进行了申诉，并通过自媒体公布了 A 酒店的恶劣行为，给平台和 A 酒店造成了很大的负面影响。

根据以上案例，可以发现在 OTA 平台生态圈中，服务失败是非常容易产生，从而影响 OTA 平台和酒店声誉和商业利益，已成为威胁 OTA 平台生态圈商业模式正常运营的重要因素，因此迫切需要学术界探讨 OTA 平台生态圈服务补救的影响机制和策略。

在当前的服务补救研究中，一些学者从情绪、情感平衡、口碑和情绪感染视角对服务补救效果的影响机理进行了探讨（贾薇和赵哲，2018；Pai 等，2019）。对于旅游服务补救的研究，Koc（2018）认为服务补救是旅游企业的重要工作，将对其产生重要影响，这不仅因为旅游服务具有一般服务行业的特征，还因为服务员工和消费者之间的互动比较特殊。方淑杰等（2019）认为补救方式包括象征补救和功利补救，而象征补救对消费者情绪的影响更显著。但是，目前基于"酒店—OTA 平台—消费者"三元互动模式，在服务补救情景下，从服务员工和消费者的心理视角探讨服务补救效果的研究还很缺乏，对 OTA 平台服务补救影响机制还解释不足，对实践缺乏指导。

本章基于当前 OTA 平台生态圈服务失败和服务补救的实践以及旅游服务补救等理论研究的不足，使用情景实验法开展实证研究，从情绪智力、心理韧性的视角探讨 OTA 平台生态圈的服务补救影响机制。本章将探讨服务员工情绪智力和心理韧性对服务补救质量的影响作用，以及服务员工情绪智力和心理韧性之间的影响作用。本章将探讨服务补救质量对消费者重购意愿的影响作用，并检验消费者宽恕的调节效应以及检验服务补救质量的中介效应。在研究价值上，本章研究有利于将从情绪智力、心理韧性等领域拓展 OTA 平台服务补救效果研究的视角，丰富目前的 OTA 平台生态圈服务补救效果研究，从而为酒店和 OTA 平台进行科学服务补救提供理论参考，提升 OTA 平台生态圈服务补救能力，提高旅游服务质量。

6.2　文献综述和研究假设

6.2.1　情绪智力、心理韧性和服务补救质量

情绪智力是指个体理解、调控和利用情绪达到预期性目的的能力（Salovey 和 Mayer，1990）。从情绪智力胜任力理论视角，情绪智力等同于一种潜能，个体能够在这一基础上产生一种胜任力，而这种胜任力与个体的心理适应有关（Goleman，2000）。情绪智力的维度划分有两种观点，Goleman（1995）认为情绪智力包括五个维度：认识自身情绪、妥善管理情绪、自我激励、认识他人情绪和人际关系管理。而 Mayer 和 Salovey（2004）认为情绪智力包括四个维度：情绪感知、情绪整合、情绪理解和情绪管理。在情绪智力测量方面，目前主要有能力情绪智力量表法和特质情绪智力量表法（O'Connor 等，2019）。

心理韧性是指个体有效应对威胁、挫折或逆境等压力情景，并快速恢复心理和生理机能的能力（Hartigh 和 Hill，2022）。Fisher 等（2018）强调工作中的逆境可能以单一频次的、高强度的（如地震、海啸等自然灾害）形式出现，也可能以低强度但高频率或高持续时间（如工作压力）的形式出现。员工的心理韧性的积极效应机制需要结合特定的工作情境与危机情景，这将能更好地理解不同行业员工在应对特殊危机情景时体现出的心理韧性的特点，也将丰富既有的心理韧性的理论体系（Kossek 和 Perrigino，2016；Todt 等，2018）。McLarnon 和 Rothstein（2013）开发的心理韧性量表结合了个人的个性特质、社会支持网络的可用性、对重大创伤事件的最初反应，以及情感的、认知的与行为自我调节过程。从量表维度设置来看，大多数心理韧性量表都只包含单一维度，只有少数为包含了多维度（McLarnon 和 Rothstein，2013；Todt 等，2018）。王仙雅（2015）

研究证实情绪智力正向调节阻碍性科研压力源与科研绩效的关系。安蓉和裴燕燕（2017）研究证实大学生的心理韧性在情绪智力与学业压力间起中介作用。法洁锦和王程岳（2021）研究证实体育专业学生的情绪智力、心理韧性呈现显著正相关关系，情绪智力越高，心理韧性越强。在 OTA 平台生态圈服务补救情景下，如果服务员工情绪智力越高，他将更能更好地管理自己情绪，也能更好地疏导消费者的不满情绪，更能抗压，心理韧性更强。因此，本章提出以下研究假设：

H1：服务员工情绪智力对员工心理韧性产生正向影响作用。

服务质量是消费者对服务提供商的服务产品的主观评价，是消费者的服务期望与服务效果的比较结果（赵卫宏和熊小明，2015）。学术界对服务补救质量的研究和认识是逐步深入的。Oliver（1997）最早提出了服务补救质量的概念，认为服务补救质量是服务提供商针对服务失败提供给消费者的第二次服务质量。周熙（2010）认为服务补救质量是消费者的实际服务补救感知与服务补救期望之间的比较。Liat 等（2017）认为服务补救质量是服务提供商在服务失败发生后提供给消费者的补偿，是消费者对服务补救行为的感知和评价。对于服务补救质量的维度，刘国巍和李闷管（2017）认为一般可划分为补偿质量、过程质量、交互质量、反应质量和结果质量。

Daus 和 Rater（2001）通过实证研究证实，情绪表达能力强的员工将更能提升服务质量，得体的情绪表达也能提升服务质量。Miao 等（2019）通过对零售行业进行实证研究，发现情绪智力高的服务员工更能提高服务质量。占小军（2012）对情绪智力和服务质量之间关系做出了明确的分析，认为服务员工情绪智力的各个维度均对服务质量产生正向影响关系。Wei 等（2022）研究证实，在网购服务补救情景下，服务员工情绪智力对服务补救质量产生正向影响作用。而 OTA 平台生态圈服务补救情景与网购服务补救情景具有很大的相识性，可以推论，具有高情绪智力的酒店服务员工将能更好地管理自身情绪和洞悉消费者情绪，从而提升服务补救质量。因此，本章提出以下研究假设：

H2：服务员工情绪智力将对服务补救质量产生正向影响作用。

王芬等（2019）对中国山东省 3 所中医院的 490 名护士实证研究，研究证实护士的心理韧性将降低其精神耗竭，从而提升服务质量。Xue 等（2022）对中国的华中地区医院进行实证研究证实护士的心理韧性对职业成功和服务质量产生正向影响作用。对于基层公务员而言，心理韧性会降低工作倦怠，从而提升服务质量（Feng 等，2022）。目前研究证实员工心理韧性也可以减轻低水平工作意义的负面影响，从而提升服务质量（He 等，2021）。在 OTA 平台生态圈服务补救情景下，具有高心理韧性的服务员工将更能应对服务失败的负面影响氛围和情绪，抵抗来自各个方面的心理压力，更好地服务消费者，提高服务补救质量。因此，本章提出以下研究假设：

H3：服务员工心理韧性将对服务补救质量产生正向影响作用。

6.2.2　消费者重购意愿和消费者宽恕

消费者购买意愿是指消费者对某一产品或服务是否采取购买行为的倾向。当前关于消费者购买意愿的相关研究主要是基于 SOR 理论，即外界刺激（Stimulus）—机体情绪反应（Organism）—机体行为反应（Response）。该理论认为，外界刺激（广告、服务失败、价格等）会影响受众的情绪反应，从而影响消费者行为反应（王绘娟，2023）。因为消费者重购意愿是消费者决定未来继续购买某产品或服务的一种心理倾向（Zeithaml，1996），当消费者对产品或服务产生某种依赖感后，将产生继续购买该产品的心理承诺，从而产生重购意愿（Weng 等，2016）。

研究证实，在跨境电商物流行业，商家的服务质量对消费者重购意愿产生正向影响关系（朱永明和黄嘉鑫，2020）。在新零售企业中，服务质量会提升消费者重购意愿（齐永智和张梦霞，2021）。在虚拟社区下，服务补救质量越高，消费者重购意愿越高（梅健，2016）。徐哲俊等（2018）研究证实，服务补救质量将对消费者重购意愿产生正向影响。在 OTA 平台生态圈服务补救情景下，提供具体服务是酒店，当酒店的服务补救质量高时，将能提升消费者重购意愿。此外，可以看出，服务补救质量分别在情绪智力、心理韧性与消费者重购意愿之间的影响关系中发挥了中介效应。因此，本章提出以下 3 个研究假设：

H4：服务补救质量对消费者重购意愿产生正向影响作用。

H5：服务补救质量在服务员工情绪智力与消费者重购意愿之间发挥了中介效应。

H6：服务补救质量在服务员工心理韧性与消费者重购意愿之间发挥了中介效应。

在服务失败和服务补救情景下，黄珍和常紫萍（2020）认为消费者宽恕是对商家的服务失败选择体谅、宽容，以修复和改善双方关系的心理变化过程。在品牌危机情景下，与具体的心态相比，抽象的心态对品牌宽恕的影响更大（Ho，2020）。孙乃娟和孙育新（2017）研究证实，服务失败后，经济型服务补救策略相较于功能型服务补救策略对消费者宽恕意愿具有更强的正向影响。于兆吉等（2021）研究证实，在网购情境下，预防性服务补救对消费者宽恕和顾客满意具有积极影响。马瑞婧等（2021）研究证实道歉形式（有表情符号和无表情符号）对消费者宽恕意愿产生正向影响。Wei 等（2023）通过实证研究证实，消费者宽恕在关系质量与消费者重购意愿之间发挥了正向调节效应。可以推理，在服务补救质量对消费者重购意愿的影响作用中，消费者宽恕将发挥正向调节作用。因此，本章提出以下研究假设：

H7：消费者宽恕在服务补救质量与消费者重购意愿之间发挥了正向调节效应。

根据研究假设的推演结果，构建本章的研究模型如图 6-1 所示。

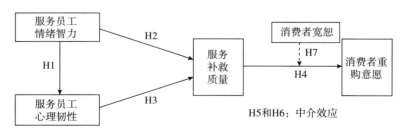

图 6-1　本章的研究模型

6.3 研究设计和方法

6.3.1 情景实验的设计

在 OTA 平台生态圈的商业运营中，虽然 OTA 平台和酒店的服务失败频繁发生，但研究者非常困难在服务失败和服务补救的现场进行数据采集。因此，本章参考侯如靖（2021）的研究方法，采用情景实验法来获取服务员工和消费者的研究数据。本章的情景实验的素材来自中国自媒体报道的 OTA 平台服务失败案例，并根据本章研究的需要，对真实的服务失败案例进行了适度改编。本情景实验的服务失败案例描述如下：

2023 年 12 月，来自杭州的皮先生在某 OTA 平台预订了张家界 A 酒店，并缴纳了 600 元定金。皮先生入住后发现 A 酒店并不如 OTA 平台所承诺的提供免费早餐，皮先生向 A 酒店的一个服务员工进行咨询，要求免费获得早餐，但这位服务员工的态度很差，从而激起了皮先生的愤怒。随后，皮先生向有关的政府部门进行了投诉，并在抖音上公布其服务失败遭遇，给 OTA 平台和 A 酒店企业形象造成了明显的负面影响，因此需要进行服务补救。

在情景实验中，服务补救情景设计为 2（高服务员工情绪智力 VS. 低服务员工情绪智力）×2（高消费者宽恕 VS. 低消费者宽恕）。本研究共设计了 4 种服务补救情景，将所有被试者随机划分为 4 组，每组对应一种服务补救情景。

情景 1（高服务员工情绪智力×高消费者宽恕）：由于皮先生遭受了服务失败，对 OTA 平台和酒店非常愤怒。OTA 平台与 A 酒店对服务失败非常重视，立即进行了服务补救。A 酒店安排了情绪智力较高的服务员工 H 进行服务补救，她善于察言观色，善于管理自己和他人情绪。在服务补救中，H认真分析了服务失败的原因，代表酒店和OTA平台给予了皮先生真诚的道歉，通过各种情绪疏导方法平息了皮先生的愤怒情绪，同时退还了住宿费用，并给予2000元的补偿等。通过服务补救后，皮先生对OTA平台和A酒店的宽恕意愿较强。

情景2（高服务员工情绪智力×低消费者宽恕）：皮先生遭受服务失败后对OTA平台和酒店非常愤怒。OTA平台与A酒店立即采取了服务补救措施。A酒店安排了服务员工H进行服务补救，H具有较高的情绪智力，她善于察言观色，善于管理自己和他人情绪。在服务补救中，H认真分析了服务失败的原因，代表酒店和OTA平台给予了皮先生真诚的道歉，通过各种情绪疏导方法与皮先生进行多次沟通，退还了住宿费用，并给予2000元的补偿等。但是，在服务补救后，皮先生对OTA平台和A酒店的宽恕意愿并不高，认为这些服务补救措施难以弥补他的各种损失。

情景3（低服务员工情绪智力×高消费者宽恕）：服务失败发生后，皮先生对OTA平台和酒店非常愤怒。OTA平台与A酒店对服务失败非常重视，立即进行了服务补救。A酒店安排了服务员工W进行服务补救，但W的情绪智力不高，不太善于察言观色，也不善于管理自己和他人情绪。在服务补救中，W虽然代表酒店和OTA平台给予了皮先生道歉，但道歉不够真诚。W也向皮先生表明发生服务失败是不可避免的。同时，按照酒店的规定，退还了住宿费用，并给予皮先生2000元的补偿等。通过服务补救后，虽然皮先生对W的道歉态度和交流方式不太认可，但他认为服务失败也是难以避免的小概率事件，归咎于自己的运气差，因此对服务失败的宽恕意愿较强。

情景4（低服务员工情绪智力×低消费者宽恕）：在服务失败后，皮先生对OTA平台和酒店非常愤怒。OTA平台与A酒店对服务失败非常重视，立即采取了服务补救。A酒店安排了服务员工W进行服务补救，但W的情绪智力不高，不太善于察言观色，也不善于管理自己和他人情绪。在服务补救中，W虽然代表酒店和OTA平台给予了皮先生道歉，但道歉比较程序化，不够真诚。W 也向皮先生表明发生服务失败是不可避免的。同时，按照酒店的规定，退还了皮先生的住宿费用，并给予 2000 元的补偿等。在服务补救后，皮先生认为服务员工 W 的服务补救与自己的期望相差很远，双方交流不顺畅，反而使自己更加生气。服务补救措施难以弥补他的各种损失，因此对 OTA 平台和 A 酒店的宽恕意愿并不高。

6.3.2　变量测量

本章有 5 个测量变量：服务员工情绪智力、服务员工心理韧性、服务补救质量、消费者宽恕、消费者重购意愿。本章调查问卷的测量题项来源于权威文献的相关量表，具有较强的针对性和科学性，并根据 OTA 平台生态圈的服务补救情景和特定，对前人的测量量表进行了修改。其中，服务员工情绪智力的测量题项参考 Wong 和 Law（2002）的研究成果，设置了 8 个题项。服务员工心理韧性的测量题项设置了 5 个测量题项。服务补救质量的测量题项参考了 Parasuraman 等（2005）的量表和刘国巍和李闯管（2017）的研究成果，设置了 5 个测量题项。消费者宽恕的测量题项参考了 Finkel 等（2002）、王文峰和李磊（2020）的研究成果，设置了 4 个测量题项。消费者重购意愿的测量题项参考了齐永智和张梦霞（2021）、Wei 等（2022）的量表，设置了 4 个测量题项。因此情景实验的调查问卷共有 26 个测量题项，本章都采用 Likert5 点尺度进行测量，选项包括"非常不正确、不正确、基本正确、正确、非常正确"。

6.3.3　预实验

本章的预实验参考了方淑杰等（2019）、汪旭晖和苏晨（2023）的预实验方法。预实验的目的在于检验预实验的操纵变量的有效性。预实验的被试者是桂林市的青年工人和大学生，他们具有较好的内部一致性，也是当前 OTA 平台旅游消费的主要群体之一。本章将被试者通过抽取的方法按随机的分配到 4 个情景：情景 1、情景 2、情景 3 和情景 4 中。每个情景的被试者均为 13 人，共 52 人。这些被试者均有 3 次以上 OTA 平台购买和消费经历。被试者中，男性 27 人，占比为 51.92%，女生 25 人，占比为 48.08%，男性和女性比例基本相当。

在预实验的操作程序中，研究者要求 52 位被试者认真看完自己所属于的实验情景（如情景 1）的内容介绍，随后对 4 个实验情景分别进行讲解，使各位被试者将自身融入各自的情景之中。15 分钟后，研究者要求被试者根据各自所在情景，根据心理感知和行为意向填写调查问卷。

参与预实验的被试者填写调查问卷后，研究者进行了独立样本 T 检验，其目的是检验预实验操纵变量的有效性。研究结果显示：预实验的实验情景具有较高的真实性（均值为 3.96，李克特 5 点尺度，最高值为 5）。在高服务员工情绪智力的情景实验条件下，被试者应对 OTA 平台服务失败的情绪智力水平更高（$M_{高服务员工情绪智力} = 4.28$，$M_{低服务员工情绪智力} = 2.09$；$T = 3.875$，$DF = 45$，$p < 0.01$）。本章也对高消费者宽恕的情景实验条件进行了检验，研究结果显示被试者对 OTA 平台服务失败具有更强的宽恕意愿（$M_{高消费者宽恕} = 4.13$，$M_{低消费者宽恕} = 1.82$，$T = 3.05$，$DF = 47$，$p < 0.05$）。通过以上的检验，本章认为服务员工情绪智力和消费者宽恕的变量操控是成功的，可以作为操作变量。

6.3.4　正式实验

本章的正式实验在桂林市、长沙市和广州市进行。正式实验时间从 2023 年 11 月 13 日至 12 月 2 日。正式实验的被试者是桂林市、长沙市和广州市的市民。研究者、3 名硕士研究生和 15 名社区工作人员参与正式实验。正式实验的被试者必须具有 OTA 平台 3 次以上的购买和消费经验经历。关于正式实验的被试者的来源，本章主要通过以下两个方面获取：第一，研究者与桂林市、长沙市和广州市的社区（城市的基层管理组织）进行合作，由社区工作人员通过社交媒体（QQ 群、微信群和抖音等）征集符合条件的被试者；第二，研究者与三个城市的旅游者协会等旅游交流组织合作，通过酒店与被试者联系，从而获得符合条件的被试者。

为了鼓励被试者参与情景实验，给予参与情景实验的被试者每人 70 元的现金补偿，所有经费从研究者主持的研究项目经费中支付。

被试者分布在不同的三个城市，而这三个城市属于中国不同的三个省份，因此情景实验分 9 次完成。在每次的情景实验中，将被试者通过抽签方法随机的将被试者分配到情景 1、情景 2、情景 3 和情景 4 中。情景实验的组织者要求被试者认真看完自己所属的实验情景（如情景 1）的内容介绍，随后对 4 个实验情景分别进行讲解，使各位被试者将自身融入各自的情景之中。15 分钟后，实验组织者要求被试者根据各自所在情景，根据心理感知和行为意向填写调查问卷。在实验中，实验组织者并对调查问卷维度和题项进行了解答。

本章的正式实验回收调查问卷 321 份。研究者剔除了不合格的调查问卷（包括漏答的调查问卷及答案存在矛盾的调查问卷），有效问卷为 304 份。表 6-1 显示了正式被试者的样本结构。

表 6-1　被试者的来源统计　　　　单位：人，%

一级指标	二级指标	样本量	百分比	一级指标	二级指标	样本量	百分比
性别	男性	167	52.02	学历	高中及以下	99	30.84
	女性	154	47.98		大学专科	108	33.64
购买次数	3 次	66	20.56		大学本科	81	25.23
	4~6 次	83	25.86		硕士和博士	32	9.96
	7~9 次	71	22.12	职业	职员	95	29.59
	10~15 次	54	16.82		专业技术人员	58	18.07
	15 次以上	47	14.64		经理	36	11.21
年龄	18~25 岁	98	30.53		公务员	38	11.83
	26~39 岁	103	32.09		学生	42	13.08
	40~59 岁	86	26.79		退休人员	34	10.59
	60 岁及以上	34	10.59		其他	18	5.61

6.4 数据分析

6.4.1 共同方法偏差检验

共同方法变异（Common Method Variance，CMV）是指由于使用同一种方法测量方法而造成的虚假变异，如使用调查问卷造成的虚假变异（熊红星等，2013）。由于CMV的原因而引起的偏差称为共同方法偏差（Common Method Bias，CMB）。在本章的情景实验中，使用调查问卷测量服务员工情绪、服务补救质量和消费者宽恕等5个变量，因此可能会存在共同方法偏差，进行共同方法偏差检验是非常必要的。

对于CMB检验标准，汤丹丹和温忠麟（2020）研究认为CMB检验的方法是进行探索性因子分析（Exploratory Factor Analysis，EFA），当第一公因子的方差解释不超过40%时，证实通过检验。在本章中，研究者采用EFA检验CMB，数据研究结果显示，共析出公因子26个，且第一公因子的方差解释为23.08%，小于40%的门槛值。因此在本章中，情景实验的问卷调查数据没有存在明显的共同方法偏差。

6.4.2 信度和效度检验

在情景实验中，本章采用SPSS25.0和Amos25.0对情景实验的调查问卷数据进行信度和效度检验。其中，情景实验的数据是通过在情景实验中让被试者填写调查问卷而得到的。在信度分析中，Hair和Black（2006）研究认为当Cronbach's α大于0.70时就表明通过信度检验。如表6-2所示，本章的5个变量的Cronbach's α在0.722~0.841，证实情景实验的问卷调查数据通过了信度检验。

表 6-2　信度和效度检验

变量	题项	标准化载荷系数	T 值	Cronbach's α	CR	AVE
服务员工情绪智力	我非常了解自己的情绪	0.802	5.032	0.722	0.916	0.580
	我能很快觉察到顾客的情绪	0.898	3.635			
	我总能进行自我激励	0.761	2.922			
	我有很强的情绪自控能力	0.667	4.967			
	我知道自己是否快乐	0.763	3.422			
	我有毅力去完成目标	0.786	5.043			
	我认为自己是有能力的人	0.709	6.324			
	我能理智的处理服务失败	0.678	2.765			
服务员工心理韧性	遇到服务失败的挫折，我将很快恢复并继续下去	0.891	3.134	0.806	0.893	0.628
	面对消费者对我的语言攻击，我能坦然面对	0.805	4.748			
	在挫折面前，我坚信自己一定能克服	0.796	2.829			
	我能在服务补救中提升自己的能力	0.771	3.163			
	面对服务失败的舆论压力，我能化解负面影响	0.685	4.087			
服务补救质量	酒店道歉的态度是诚恳的	0.824	7.076	0.771	0.896	0.633
	我的诉求获得较好的回应	0.763	4.921			
	酒店补偿了我的经济损失	0.715	6.759			
	服务补救中我被公平对待	0.791	3.243			
	接受服务补救的过程具有安全感	0.876	2.389			
消费者宽恕	我认同服务补救中的精神补偿	0.775	4.283	0.736	0.827	0.547
	我认同服务补救中的物质补偿	0.707	4.922			
	服务补救后，我的负面情绪消退了	0.644	5.878			
	我原谅了酒店造成的服务失败	0.819	2.994			

续表

变量	题项	标准化载荷系数	T值	Cronbach's α	CR	AVE
消费者重购意愿	我会继续在该OTA平台订购旅游服务	0.874	3.372	0.841	0.910	0.718
	我继续光临该酒店	0.879	5.261			
	我将向周围人推荐该OTA平台	0.806	4.086			
	我将向周围人推荐该酒店	0.827	2.982			

在效度分析中，本章进行了收敛效度、区别效度检验和建构效度的检验。由表6-2可知，26个测量题项的标准化载荷载系数在0.644~0.898，大于0.50的门槛值，T值也符合要求（大于1.96）。吴明隆（2010）认为，在收敛效度检验中，组合信度（CR）需要大于0.70，平均提炼方差（AVE）需要大于0.50，而本章中的5个变量的CR在0.827~0.916，AVE在0.547~0.718，因此情景实验的问卷调查数据通过了收敛效度检验。

如表6-3所示，5个变量的AVE的平方根值都大于该变量与其他变量之间的相关系数，符合了吴明隆（2010）的区别效度的检验标准，通过了区别效度检验。对于建构效度检验，吴明隆认为良好模型的标准是 χ^2/df 必须小于5，CFI和TLI必须大于0.90，SRMR必须小于0.05，RMSEA必须小于0.1。在表6-4中，各项指标值均达到了以上要求，因此本章模型达到了良好模型的标准，说明建构效度也通过了检验。

表6-3 判别效度检验

变量	1	2	3	4	5
服务员工情绪智力	0.761	—	—	—	—
服务员工心理韧性	0.342	0.792	—	—	—
服务补救质量	0.615	0.643	0.796	—	—
消费者宽恕	0.254	0.303	0.397	0.740	—
消费者重购意愿	0.399	0.418	0.653	0.614	0.847

注：对角线上的数据是AVE的平方根，其他数据为对应变量之间的相关系数。

表 6-4   研究模型的拟合度

拟合指数	χ^2	df	χ^2/df	CFI	TLI	SRMR	RMSEA
指数值	367.249	139	2.642	0.943	0.948	0.034	0.049

6.4.3   研究假设检验

6.4.3.1   直接影响关系检验

本章通过多层次分析验证直接影响关系和调节效应的研究假设。表 6-5 显示了多层次分析的结果。模型 1 是控制变量（性别、购买次数、年龄等）对服务员工心理韧性进行回归分析，显示它们之间的影响作用在统计上都没有达到显著性标准。模型 2 显示服务员工情绪智力对服务员工心理韧性产生正向影响作用（β = 0.608，p<0.01）。模型 3 显示服务员工情绪智力对服务补救质量产生正向影响作用（β = 0.634，p<0.05）。此外，模型 2 和模型 3 均通过 F 检验，通过以上分析证实：研究假设 H1 和研究假设 H2 通过检验。

表 6-5   多层次回归分析

变量	服务员工心理韧性		服务补救质量				消费者重购意愿	
	模型 1	模型 2	模型 3	模型 4	模型 5	模型 6	模型 7	模型 8
截距	2.937**	2.819*	3.082**	2.784*	3.528**	3.325**	3.137*	3.964**
控制变量								
性别	0.031	0.052*	0.044*	0.027*	0.053*	0.022	0.028	0.044
消费次数	-0.018	0.014	-0.054	0.035	-0.037	-0.043	-0.051	0.009*
年龄	0.104	0.013	-0.036	0.012	0.104	0.028	0.129*	0.066
学历	-0.135	0.029	-0.135	0.016	0.034	-0.063	0.106	-0.059
职业	-0.029	0.027	0.052	0.058	0.043	-0.037	0.123	-0.063
自变量								
服务员工情绪智力	—	0.608**	0.634*	—	—	—	—	—

续表

变量	服务员工心理韧性		服务补救质量				消费者重购意愿	
	模型 1	模型 2	模型 3	模型 4	模型 5	模型 6	模型 7	模型 8
服务员工心理韧性服务补救质量	—	—	—	—	0.725**	—	—	0.776*
调节变量								
消费者宽恕	—	—	—	—	—	—	—	0.293*
交互项								
服务补救质量×消费者宽恕	—	—	—	—	—	0.378**	—	—
R^2	0.132	0.104	0.083	0.077	0.185	0.202	0.069	0.138
ΔR^2	—	0.028	0.023		0.067	0.049		0.049
F	2.017*	3.085**	4.476***	2.485*	3.593**	3.949***	3.057**	2.340*

注：*** 表示 $p < 0.001$，** 表示 $p < 0.01$，* 表示 $p < 0.05$。

本章通过构建模型 4 和模型 5，以检验服务员工心理韧性与服务补救质量的直接影响作用。在模型 4 中，除了性别以外，其他的控制变量与服务员工心理韧性的影响作用在统计上均不显著。而在模型 5 中，研究结果证实服务员工心理韧性对服务补救质量产生正向影响作用（β = 0.725，$p < 0.01$），因此研究假设 H3 通过了检验。

模型 7 的研究结果表明控制变量对消费者重购意愿的影响关系虽然存在微弱影响，但在统计上并不显著。本章将服务补救质量纳入模型 8 中，研究结果显示服务补救质量对消费者重购意愿产生正向影响作用（β = 0.776，$p < 0.05$），因此研究假设 H4 通过了检验。

6.4.3.2 调节效应检验

本章借鉴了张亚军等（2019）的调节效应分析方法，也通过多层次回归分析检验调节效应。在表 6-5 中，本章对消费者宽恕在服务补救质量与消费者重购意愿之间的调节效应进行了检验。模型 6 显示，服务补救质量与消费者宽恕的交互项系数大于零，且达到显著性要求（β = 0.378， p<0.01）。以上研究结果表明，在 OTA 平台服务补救中，消费者宽恕在服务补救质量与消费者重购意愿之间发挥了正向调节效应，研究假设 H7 通过了检验。

此外，本章还绘制了关于消费者宽恕的调节效应图，以更好地显示消费者宽恕在服务补救质量与消费者重购意愿之间的调节效应。如图 6-2 所示，当消费者宽恕处于较低的水平时，服务补救质量对消费者重购意愿产生的正向影响作用是较弱的（β=0.197，p<0.01）。而当消费者宽恕较强时，服务补救质量对消费者重购意愿产生较强的正向影响作用（β=0.758，p<0.05）。因此，可以证实：消费者宽恕提升了服务补救质量对消费者重购意愿的正向影响作用，消费者宽恕发挥正向调节效应，研究假设 H7 得到进一步验证。

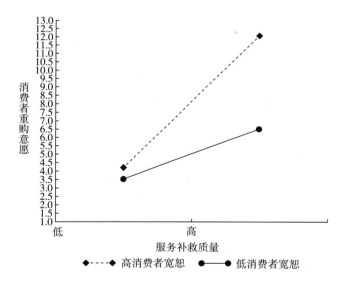

图 6-2 调节效应图

6.4.3.3 中介效应检验

在本章中，研究假设 H5 和研究假设 H6 都是简单中介效应假设。在简单中介效应检验中，使用 Bootstrap 方法是最合适的（Preacher

等，2007）。因此本章使用 Bootstrap 方法检验研究假设 H5 和研究假设 H6。

本章首先检验了链式中介效应的存在性。本章比较了竞争模型与链式中介效应模型的拟合度指标。如表 6-6 所示，从各项拟合度指标来看，竞争模型与良好模型的标准相去甚远，而链式中介模型则符合良好模型要求。以上分析验证了存在链式中介效应。

表 6-6　竞争模型与链式中介效应模型拟合度比较

模型	χ^2	df	χ^2/df	CFI	TLI	SRMR	RMSEA
链式中介模型	108.487	29	3.741	0.942	0.928	0.038	0.060
竞争模型	193.227	26	7.431	0.652	0.782	0.064	0.134

如表 6-7 所示，中介效应路径："服务员工情绪智力→服务补救质量→消费者重购意愿"的间接效应值为 0.214，表明服务补救质量在服务员工情绪智力与消费者重购意愿之间发挥了中介效应，研究假设 H5 通过了研究假设检验。当增加服务员工心理韧性这个中介变量后，中介效应路径"服务员工情绪智力→服务员工心理韧性→服务补救质量→消费者重购意愿"的间接效应值为 0.273，表明服务员工心理韧性和服务补救质量在服务员工情绪智力与消费者重购意愿之间发挥了中介效应，研究假设 H6 也通过了研究假设检验。

表 6-7　中介效应检验

中介效应路径	间接 效应值	标准误 Boot SE	下限 Boot CI	上限 Boot CI
服务员工情绪智力→服务补救质量→消费者重购意愿	0.214	0.013	0.102	0.423
服务员工情绪智力→服务员工心理韧性→服务补救质量→消费者重购意愿	0.273	0.002	0.137	0.539

6.5　结 论 与 讨 论

6.5.1　研究结论与理论贡献

本章通过实证研究，从服务员工情绪智力和服务员工心理韧性视角，探讨了 OTA 平台生态圈服务补救中的消费者重购意愿的影响机制。本章的研究结论和理论贡献主要包括以下三个方面：

第一，本章研究结果显示，在 OTA 平台生态圈服务补救中，服务员工情绪智力对服务员工心理韧性产生正向影响（$\beta = 0.608$，$p<0.01$），服务员工情绪智力对服务补救质量产生正向影响（$\beta = 0.634$，$p<0.05$），因此研究假设 H1 和研究假设 H2 通过了检验。此外，相较于服务员工情绪智力，服务员工心理韧性对服务补救质量产生更强的影响作用（$\beta = 0.725$，$p<0.01$），研究假设 H3 也通过了研究假设检验。通过以上研究结论可以看出，在 OTA 平台生态圈服务补救中，具有更高情绪智力的服务员工将具有更好的心理韧性，从而能更好地提升服务补救质量。心理韧性有助于服务员工在逆境中在克服困难并能积极开展工作，这是服务员工重要的心理素质和优势，能非常有效地提升服务补救质量。之前研究虽然就情绪智力对心理韧性和服务质量影响作用进行了探讨，也对情绪智力和服务补救质量之间影响作用，以及心理韧性对服务质量的影响作用进行了研究。但是，在 OTA 平台生态圈服务补救情景下，当前研究还没有剖析服务员工情绪智力和服务员工心理韧性之间影响作用，以及服务员工情绪智力和服务员工心理韧性对服务补救质量的影响作用。因此，本章实现了研究情景的创新，对情绪智力，心理韧性和服务补救质量在在线旅游服务领域的理论应用进行了拓展。

第二，本章研究结果证实，在服务补救中，服务补救质量对消费者重购意愿产生正向影响作用，研究假设 H4 通过检验。在中介效应检验中，服务补救质量在服务员工情绪智力与消费者重购意愿之间发挥了中介效应，服务补救质量在服务员工心理韧性与消费者重购意愿之间发挥了中介效应，研究假设 H5 和研究假设 H6 通过了检验。以上研究结论证实了提升服务补救质量是提升消费者重购意愿的直接因素，而服务员工情绪智力和服务员工心理韧性是提升消费者重购意愿的间接因素。在理论意义方面，这些研究结论是对前人研究成果的发展。在前人的研究中，虽然研究证实在跨境电商的服务质量对消费者重购意愿产生正向影响作用（朱永明和黄嘉鑫，2020），虚拟社区下的服务补救能提升消费者重购意愿（梅健，2016），线下酒店的服务补救质量将对消费者重购意愿产生正向影响作用（徐哲俊等，2018）。但是当前学术界还很少基于 OTA 平台生态圈服务补救情景，在"酒店—OTA 平台—消费者"的三元关系中探讨服务补救质量对消费者重购意愿的影响机制，也没有探讨相关变量之间的中介效应。因此，本章将服务补救质量和消费者重购意愿两个变量引入 OTA 平台生态圈服务补救情景，丰富了这两个变量的理论内涵，有利于管理学和心理学的学科交叉创新。

第三，本章研究结果还证实，在 OTA 平台生态圈服务补救情景下，消费者宽恕在服务补救质量与消费者重购意愿之间的影响关系中发挥了正向调节效应，研究假设 H7 通过了检验。这个研究结果显示了消费者宽恕在提升消费重购意愿的重要性。如果消费者宽恕意愿低，在服务补救质量不变的情况，也将降低消费者宽恕意愿。在之前的研究中，虽然证实了道歉形式（有表情符号和无表情符号）对消费者宽恕意愿有显著影响（马瑞婧等，2021），也有研究证实在 OTA 平台生态圈服务补救情景下，消费者宽恕在关系质量与消费者重购意愿之间发挥了正向调节效应（Wei 等，2023）。但是，在 OTA 平台生态圈服务补救情景下，对于消费者宽恕在服务补救质量与消费者重购意愿之间的调节效应还缺乏研究。因此，本章通过检验消费者宽恕在服务补救质量与消费者重购意愿之间的调节效应，拓展了三个变量之间影响关系的研究，有利于更好地认识 OTA 平台生态圈服务补救影响机制。

6.5.2　实践启示

首先，酒店要注重培养和提升服务员工情绪智力和服务员工心理韧性，提高服务补救能力。本章研究结论显示服务员工情绪智力和服务员工心理韧性将提升服务补救质量，对消费者重购意愿起到间接影响作用。在OTA 平台生态圈中，包含了"酒店—OTA 平台—消费者"的三元互动关系，酒店作为消费者提供直接服务的一方，遭受服务失败的消费者往往最先迁怒的是酒店，服务补救也是酒店通过服务员工实施的。因此，酒店提高服务员工的情绪智力和心理韧性非常重要，关系到服务补救质量和消费者宽恕。酒店在招聘服务员工时，要聘请心理学专家成立专家小组，对应聘者的情绪智力和心理韧性进行测试，选择情绪智力和心理韧性比较好的应聘者作为服务员工。服务员工入职后，还要定期进行心理和应急服务培训，提高心理素质和应急服务能力。酒店在培训中，要聘请有经验的心理专家和酒店管理人员编写具有针对性和实用性的教材，开展理论教学，案例教学和实践操作，提高授课效果。通过培训，从而提高心理素质和应急服务能力，提高服务补救的应急能力和服务补救效果。

其次，OTA 平台和酒店都高度重视服务补救质量，创造条件形成消费者宽恕，提升消费者重购意愿。从研究结论可以看出，服务补救质量是提升消费者宽恕的直接因素，对消费者重购意愿起到较强的正向影响作用；消费者宽恕在服务补救质量和消费者重购意愿之间发挥了调节效应。OTA 平台和酒店都要将服务补救质量作为自己的生命线，从服务补救流程，服务补救标准，服务补救时间和人员安排上精心组织服务补救。在服务补救中，要多倾听消费者的意见，注重消费者负面情绪的疏导，防止和减少消费者负面情绪传染，减少消费者恐慌和不满。在 OTA 平台生态圈服务补救情景下，OTA 平台和酒店要合力提升消费者宽恕意愿。OTA 平台作为平台方，可为消费者退款和今后再消费提供方便，并积极安抚消费者负面情绪。因为服务失败往往是酒店造成的，酒店要对消费者进行经济赔偿，弥补消费者的损失。酒店还要对消费者精神补偿，包括道歉，对消费者进行心理和精神安抚等。通过以上措施，提升消费者的宽恕意愿。

最后，政府部门和行业协会要高度关注 OTA 平台生态圈服务补救。OTA 平台生态圈服务补救涉及"酒店—OTA 平台—消费者"的三元互动关系，他们也是利益相关者。政府要作为 OTA 平台生态圈市场秩序的维护者，大力支持发展在线旅游服务。政府部门要引导 OTA 平台和酒店诚信经营、公平竞争，提高旅游产品和服务质量。政府部门加强消费者个人敏感信息保护，防止超出合理经营需要收集旅游者个人信息，采取切实措施避免大数据杀熟、虚假宣传、虚假预订等侵害旅游者权益行为。强化对未经许可从事旅行社业务经营活动、"不合理低价游"等违法违规产品的监测、发现、判定和处置，维护正常的行业秩序，切实保障旅游者合法权益。政府部门要建立健全以在 OTA 平台经营者为核心的产业链监管机制，完善网络巡查、动态监测、情况通报、行政约谈、问题移交等闭环监管机制，推进在线旅游产品和服务标准建设，规范在线旅游市场秩序。旅游行业协会应该经常举行相关培训提升酒店和 OTA 平台的服务补救能力，互通信息。旅游行业协会还要配合政府部门做好服务失败认定标准和服务补救标准的建立，做好政府部门的参谋。

6.5.3　研究局限和展望

首先，在研究内容方面。本章探讨了 OTA 平台生态圈服务补救中的服务员工情绪，服务员工心理韧性、服务补救质量等变量对消费者重购意愿之间的影响关系，并将消费者宽恕的调节效应进行了检验。但本章并未涉及服务失败后的消费者负面情绪及情绪感染、消费者移情等变量，而这些因素对服务补救质量和消费者重购意愿可能会存在一定的影响关系。基于此，在我们今后的研究中，将尝试将以上变量纳入服务补救中影响机制研究之中，以更好地剖析 OTA 平台生态圈服务补救的影响机制。

其次，在研究样本和文化因素方面，本章的实验样本来源于桂林市、长沙市和广州市的市民，没有西方的研究样本，也没有考虑东西方文化的不同。而在东西方不同文化背景下，消费者行为具有比较大的差异。在今后的研究中，我们增加西方国家的样本来源，使得研究结论更加具有普遍性。

　　最后，在研究方法方面。本章的研究方法是情景实验法，属于实证研究方法。情景实验法一般用问卷采集研究数据，这些研究数据均来源于消费者的主观评价，可能会产生一定的偏差。为弥补这一不足，我们将在今后的研究中同时使用网络爬虫法采集消费者数据，因为网络爬虫的数据是 OTA 平台而产生的数据，包括消费者登录 OTA 平台的时间、地点，登录次数、购买金额和留言数量等，具有客观性。

参考文献

［1］ Abdul, K. O. , Hazman, S. A. , & Jasmine, A. （2008）. Emotional Intelligence, Emotional Labor and Work Effectiveness in Service Organisations: A Proposed Model. The Journal of Business Perspective, （12）: 31-42.

［2］ Albrecht, A. K. , Walsh, G. , & Beatty, S. E. （2017）. Perceptions of Group Versus Individual Service Failures and Their Effects on Customer Outcomes: The Role of Attributions and Customer Entitlement. Journal of Service Research, 20 （2）: 188-203.

［3］ Ashraf, H. A. , & Manzoor, N. （2017）. An Examination of Customer Loyalty and Customer Participation in the Service Recovery Process in the Pakistani Hotel Industry: A Pitch. Accounting & Management Information Systems, 16 （1）: 199-205.

［4］ Assefa, E. S. （2014）. The Effects of Justice Oriented Service Recovery on Customer Satisfaction and Loyalty in Retail Banks in Ethiopia. Emerging Markets Journal, 4 （1）: 49-58.

［5］ Baloglu, S. , Gyung Kim, M. , Wang, C. , & Mattila, A. S. （2010）. The Relationship between Consumer Complaining Behavior and Service Recovery: An Integrative Review. International Journal of Contemporary Hospitality Management, 22 （7）: 975-991.

［6］ Barnes, D. C. , Collier, J. E. , Howe, V. , & Douglas, H. K. （2016）. Multiple Paths to Customer Delight: The Impact of Effort, Expertise and Tangibles on Joy and Surprise. Journal of Services Marketing, 30 （3）: 277-289.

［7］ Baron, S. , Schoefer, K. , & Ennew, C. （2005）. The Impact of

Perceived Justice on Consumers' Emotional Responses to Service Complaint Experiences. Journal of Services Marketing, 19 (5): 261-270.

[8] Bernardo, M., Llach, J., Marimonc, J., & Alonso - Almeid, M. M. (2013). The Balance of the Impact of Quality and Recovery on Satisfaction: The Case of E-travel. Total Quality Management, 24 (12): 1390-1404.

[9] Berry, R., Tanford, S., Montgomery, R., & Green, A. J. (2010). How We Complain: The Effect of Personality on Consumer Complaint Channels. Journal of Hospitality & Tourism Research, 42 (1): 74-101.

[10] Bhatta, C., & Premkumar, G. (2004). Understanding Changes in Belief and Attitude Toward Information Technology Usage: A Theoretical Model and Longitudinal Test. MIS Quarterly, (28): 229-254.

[11] Bitner, M. J., Booms, B. M., & Tetreault, M. S. (1990). The Service Encounter: Diagnosing Favorable and Unfavorable Incidents. Journal of Marketing, (54): 71-85.

[12] Borah, S. B., Prakhya, S., & Sharma, A. (2020). Leveraging Service Recovery Strategies to Reduce Customer Churn in an Emerging Market. Journal of the Academy of Marketing Science, 48 (5): 848-868.

[13] Boshof, C. (1999). An Instrument to Measure Satisfaction with Transaction Specific Service Recovery. Journal of Service Research, 1 (3): 65-74.

[14] Brackett, M. A., Brackett, R. M., & Bosco, J. S. (2005). Emotional Intelligence and Relationship Quality among Couples. Personal Relationships, (12): 197-212.

[15] Brotheridge, C. M., & Grandey, A. (2002) Emotional Labor and Burnout: Comparing Two Perspectives of People Work. Journal of Vocational Behavior, (60): 56-69.

[16] Brown C. S., & Sulzer - Azaroff, B. (1994). An Assessment of the Relationship between Customer Satisfaction and Service Friendlines. Journal

of Organizational Behavior Management, (14): 55-75.

[17] Byun, C. G., & Ha, H. (2016). The Effects of Usefulness and Credibility of Word-of-mouth Information on Purchase Intention in Social Commerce: Focused on the Mediating Roles of Perceived Risk and Impulse Buying. Journal of Korea Service Management Society, 17 (4): 89-106.

[18] Carmelo, C., & Juan, S. (2013). Platform Competition: Strategic Trade-offs in Platform Markets. Strategic Management Journal, (34): 1331-1350.

[19] Chang, H. S., & Hsiao, H. L. (2008). Examining the Casual Relationship among Service Recovery, Perceived Justice, Perceived Risk, and Customer Value in the Hotel Industry. Service Industries Journal, 28 (4): 513-528.

[20] Chaouali, W., Souiden, N., & Ringle, C. M. (2020). Elderly Customers' Reactions to Service Failures: The Role of Future Time Perspective, Wisdom and Emotional Intelligence. Journal of Services Marketing, (2): 174-186.

[21] Chen, D. D., Xing Q., Hu H. R., & Hu, X. X. (2010). Analysis of the Influence of Emotional Intelligence of Male Prison Police on Emotional Labor. Social Psychological Science, 25 (2): 201-205.

[22] Cheng, X., & Li, J. Y. (2020). The Impact of Virtual Tourism Experience on Stress and Emotion under the Constraint of Epidemic Situation at Home. Journal of Tourism, (35): 13-23.

[23] Chi, N. W., Chen, Y. C., Huang, T. C., & Chen, S. F. (2018). Trickle-down Effects of Positive and Negative Supervisor Behaviors on Service Performance: The Roles of Employee Emotional Labor and Perceived Supervisor Power. Human Performance, (2): 1-21.

[24] Daus, C., & Rater, M. (2001). Employee Emotional Expression in a Customer Service Scenario: Interactions and Implications for Perform-

ance Review Outcomes. Journal of Quality Management, 6 (2): 349-370.

［25］ Doney, P. M., Cannon, J. P., & Mullen, M. R. (1998). Understanding the Influence of National Culture on the Development of Trust. Academy of Management Review, 23 (3): 601-620.

［26］ Fahlevi, M. (2021) Online Consumer Behaviour and Its Relationship to Website Atmospheric Induced Flow: Insights into Online Travel Agencies in Indonesia. IOP Conference Series: Earth and Environmental Science, (729): 12114.

［27］ Feng, Y. C., Li, F. W., & Shang, H. W. (2022). A Study on the Relationship between Self-efficacy, Psychological Resilience and Job Burnout of Grass-roots Civil Servants: The Moderating Role of the Big Five Personality Traits. Journal of Occupational & Environmental Medicine.

［28］ Finkel, E. J., Rusbult, C. E., Kumashiro, M., & Hannon, P. A. (2002). Dealing with Betrayal in Close Relationships: Does Commitment Promote Forgiveness. Journal of Personality and Social Psychology, 82 (6): 956-974.

［29］ Fisher, D. M., Ragsdale, J. M., & Fisher, E. C. (2018). The Importance of Definitional Andtemporal Issues in the Study of Resilience. Applied Psychology: An International Review, (2): 187-196.

［30］ Fornel, C. A. (1992). National Customer Satisfaction Barometer: The Swedish experience. Journal of Marketing, (56): 6-21.

［31］ Garepasha, A., Aali, S., Zendeh, A. B., & Iranzadeh, S. (2020). Dynamics of Online Relationship Marketing: Relationship Quality and Customer Loyalty in Iranian Banks. Rbgn-revista Brasileira de Gestao de Negocios, 22 (1): 140-162.

［32］ Goleman, D. (1995). Emotional Intelligence: Why It Can Matter More than IQ. New York: Bantam, 68.

［33］ Goleman, D. (2000). Leadership That Gets Results. Harvard

Business Review, 78 (2): 78-90.

[34] Green, C. E. , & Lomanno, M. V. (2012) . An AH & LA and STR Special Report. Distribution Channel Analysis: A Guide for Hotels. McLean. VA: HSMAI Foundation, (2): 185-211.

[35] Gutek, B. A. , Bhappu, A. D. , Liao-Troth, M. A. , & Cherry, B. (1999) . Distinguishing between Service Relationships and Encounters. Journal of Applied Psychology, 84 (2): 218-233.

[36] Gwinner, K. P. , & Gremler, D. D. (2000) . Customer-employee Rapport in Service Relationships. Journal of Service Research, 3 (1): 82-104.

[37] Hacklin, F. , Marxt, C. , & Fahrni, F. (2009). Coevolutionary Cycles of Convergence: An Extrapolation from the Ict Industry. Technological Forecasting and Social Change, 76 (6): 723-736.

[38] Hair, J. F. and Black (2006) . B. Multivariate Data Analysis. Prentice Hall Press, Upper Saddle Rive, (2): 113-121.

[39] Hao, J. , Yu, Y. , Law, R. , & Fong, D. (2015) . A Genetic Algorithm-based Learning Approach to Understand Customer Satisfaction with OTA Websites. Tourism Management (48): 231-241.

[40] Hartigh, R. D. D, & Hill, Y. (2022) . Conceptualizing and Measuring Psychological Resilience: What Can We Learn from Physics. New Ideas in Psychology, 2022.

[41] He, X. , Lu, W. , & Luo, H. , et al. (2021) . How Gig Worker Responds to Negative Customer Treatment: The Effects of Work Meaningfulness and Traits of Psychological Resilience. Frontiers in Psychology, (12): 783372.

[42] Heejung, R. O. (2012) . Service Recovery Evaluations: GLBT Versus Heter Customers. International Journal of Hospitality Management, 10 (7): 32-43.

［43］Ho, K. K. （2020）. The Influence of Subjective Temporal Distance on Consumer Brand Forgiveness. Korean Management Consulting Review, 20 （1）: 265-273.

［44］Hoppner, Jessica, J. , Griffith, David, A. , & White, Ryan. C. （2015）. Reciprocity in Relationship Marketing: A Cross-cultural Examination of the Effects of Equivalence and Immediacy on Relationship Quality and Satisfaction with Performance. Journal of International Marketing, 23 （4）: 67-83.

［45］Hsieh, M. , & Tsao, W. （2014）. Reducing Perceived Online Shopping Risk to Enhance Loyalty: A Website Quality Perspective. Journal of Risk Research, 17 （2）: 241-261.

［46］Huang, Y. Y. （2021）. Research on the Influence Mechanism of Verbal and Nonverbal Behaviors of Frontline Employees on Customer Service Recovery Cooperation Intention in the Process of Service Recovery Interaction. Tourism Science, 35 （2）: 52-72.

［47］In, S. H. , Kim, J. H. , & Myunghwa, N. （2020）. Effects of Emotional Intelligence on Customer Orientation and Service Recovery Efforts in the Context of Travel Agencies. International Journal of Tourism Management and Science, 31 （4）: 61-85.

［48］In, S. H. , Kim, J. H. , & Nam, M. H. （2016）. Effects of Emotional Intelligence on Customer Orientation and Service Recovery Efforts in the Context of Travel Agencies. Korean Journal of Tourism Research, （31）: 61-85.

［49］Inkson, C. （2019）. Service Failures and Recovery in Tourism and Hospitality: A Practical Manual. Tourism Management, 70 （2）: 176-177.

［50］Jaeger, S. R. , Roigard, C. M. , David, J. , & Vidal, L. （2018）. Valence, Arousal and Sentiment Meanings of 33 Facial Emoji: Insights for the Use of Emoji in Consumer Research Crisis. Food Research International, 119（5）：895-907.

［51］Jeon, H. M. , Sung, H. J. , & Kim, H. Y. （2020）. Customers' Acceptance Intention of Self - service Technology of Restaurant Industry: Expanding UTAUT with Perceived Risk and Innovativeness. Service Business, （2）：123-134.

［52］Jeong, G. Y. , & Jang, Y. W. （2016）. The Effect of Service Characteristics of Nail Care Shop on the Relationship Quality and Customer Loyalty. Global Business Administration Review, 13（1）：45-76.

［53］Jessica, J. H. , David, A. G. , & Ryan, C. W（2015）. Reciprocity in Relationship Marketing: A Cross-Cultural Examination of the Effects of Equivalence and Immediacy on Relationship Quality and Satisfaction with Performance. Journal of International Marketing, 23（4）：67-84.

［54］Jung, Y. , Sohn, Y. W. , Kim, M. Y. （2020）. Emotion Regulation and Job Stress: The Mediating Effect of Relationship Quality in the US and Korean Samples. Current Psychology, 39（4）：1106-1115.

［55］Kantor, M. A. , Apgar, S. K. , Esmaili, A. M. , Khan, A. , Monash, B. , & Sharpe, B. A. （2020）. The Importance of Emotional Intelligence When Leading in a Time of Crisis. Journal of Hospital Medicine, 15（9）：568-569.

［56］Kelly, J. F. （2018）. What Makes a Good Addication Treatment Program: 11 Indicators of High-Quality Rehabilitation and Service Recovery. Psychology Today, 16（1）：4-5.

［57］Kernbach, S. , & Schutte, N. S. （2005）. The Impact of Service Provider Emotional Intelligence on Customer Satisfaction. Journal of Services Marketing, 19（7）：438-444.

［58］Khatoon S, & Rehman V. （2021）. Negative Emotions in Consumer Brand Relationship: A Review and Future Research Agenda. International IJC, （2）：232-245.

［59］Kim, H. , Jiang, J. C. , & Bruce, N. I. （2017）. Online Reputation Management: Estimating the Impact of Management Responses on Consumer Reviews. Marketing Science, 36 （5）: 645-665.

［60］Kim, J. , Bojanic, D. C. , & Warnick, R. B. （2009）. Price Bundling and Travel Product Pricing Practices Used by Online Channels of Distribution. Journal of Travel Research, 47 （4）: 403-412.

［61］Kim, J. , & Lee, H. （2016）. The Effects of Expatriates' Emotional Intelligence and Creativity on Job Satisfaction and Relationship Quality. The Journal of International Trade & Commerce, 12 （1）: 361-379.

［62］Kim, W. , & Lee, H. （2004）. Comparison of Web Service Quality between Online Travel Agencies and Online Travel Suppliers. Journal of Travel & Tourism Marketing, 17 （2-3）: 105-116.

［63］Koc, E （2018）. ServIce Failures and Recovery in Hospitality and Tourism: A Review of Literature and Recommendations for Future Research. Journal of Hospitality Marketing & Management, 28 （5）: 513-537.

［64］Kossek, E. E. , & Perrigino, M. B. （2016）. Resilience: A Review Using a Grounded Integrated Occupational Approach. The Academy of Management Annals, 10 （1）: 729-797.

［65］Kuo, N. T. , Chang, K. C. , Cheng, Y. S. , & Lai, C. H. （2013）. How Service Quality Affects Customer Loyalty in the Travel Agency: The Effects of Customer Satisfaction, Service Recovery, And Perceived Value. Asia Pacific Journal of Tourism Research, （18）: 803-822.

［66］Lee, H. H. , & Moon, H. （2015）. Perceived Risk of Online Apparel Mass Customization: Scale Development and Validation. Clothing and Textiles Research Journal, 33 （2）: 115-128.

［67］Lee, J. B. （2018）. The Effects of Relationship Marketing of Land Operator on Relationship Quality and Repurchase Intention. Journal of Tourism Management Research, 22 （7）: 419-437.

［68］ Lee, S. H. , & Jung, K. S. （2015）. The Strategical Approach to Reduce Negative Emotion and Complaint Behavior in Social Commerce: Focusing On Perceived Risk. The E-Business Studies, 16 （3）: 103-122.

［69］ Liat, C. B. , Mansori, S. , & Chuan, G. C. （2017）. Hotel Service Recovery and Service Quality: Influences of Corporate Image and Generational Differences in the Relationship Between Customer Satisfaction and Loyalty. Journal of Global Marketing, 30 （1）: 42-51.

［70］ Liljander, V. , & Strandvik T. （1997）. Emotions in Service Satisfaction. International. International Journal of Service Industry Management, 8 （2）: 148-169.

［71］ Lin, C. H. , & Lekhawipat, W. （2014）. Factors Affecting Online Repurchase Intention. Industrial Management & Data Systems, 114 （4）: 597-611.

［72］ Ling, L. , Dong, Y. , Guo, X. , & Liang, L. （2015）. Availability Management of Hotel Rooms under Cooperation with Online Travel Agencies. International Journal of Hospitality Management, （50）: 145-152.

［73］ Ling, L. , Guo, X. , & Yang, C. （2014）. Opening the Online Marketplace: An Examination of Hotel Pricing and Travel Agency Online Distribution of Rooms. Tourism Management, （45）: 234-243.

［74］ Liu, J. , & Zhang, E. （2014）. An Investigation of Factors Affecting Customer Selection of Online Hotel Booking Channels. International Journal of Hospitality Management （39）: 71-83.

［75］ Liu, M. K. , Li, W. , Hou, Z. P. , & Li, L. （2022）. The Impact of Consumer Confusion on the Service Recovery Effect of Online Travel Agency （OTA）. Current Psychology. 42 （28）: 24339-24348.

［76］ Liu, X. C. , & Fu, L. Y. （2021）. Market Equilibrium and Effect Analysis under Hotel Operation Mode. Industrial Economics Review, （3）: 77-87.

［77］ Luarn, P. , & Lin, H. H （2003）. A Customer Loyalty Model for

E – Eervice Context. Journal of Electronic Commerce Research, 4 (4): 154-167.

[78] Luthar, S. S., Cicchetti, D., & Becker, B. (2000) . The Construct of Resilience: A Critical Evaluation and Guidelines for Future Work. Child Development, 71 (3): 543-562.

[79] Mattila, A. S. (2001) . The Impact of Relationship Type on Customer Loyalty in a Context of Service Failures. Journal of Service Research, 4 (2): 91-101.

[80] Maxham, J. G. (2001) . Service Recovery's Influence on Consumer Satisfaction, Positive Word of Mouth, and Purchase Intention. Journal of Business Research, 54 (1): 11-24.

[81] Mayer, J. D., & Salovey, P. (2004) . Emotional Intelligence: Theory, Findings, and Implications. Psychological Inquiry, 15 (3): 197-215.

[82] Mayer, J. D., Dipaolo, M., & Salvoey, P. (1990) . Perceiving Affective Content in Ambiguous Visual Stimuli: A Component of Emotional Intelligence. Journal of Personality Assessment, 54 (3): 772-781.

[83] Mcgovern, M. E., Canning, D., & Barnighausen, T. (2018). Non-response bias in Estimates of Prevalence of Club-Based Sport Participation from an Australian National Physical Activity, Recreation and Sport Survey. Economics Letters, 171 (10): 239-244.

[84] McLarnon, M. J. W., & Rothstein, M. G. (2013). Development and Initial Validation of the Workplace Resilience Inventory. Journal of Personnel Psychology, 12 (2): 63-73.

[85] Mi, L. H., Ryong, K. J., & Han, J. S. (2019) . The Effect of Perceived Risk on Negative Emotions, Trust, and Investment Intentions: Focused on Investors and Potential Investors. International Journal of Tourism and Hospitality Research, 33 (8): 19-31.

[86] Miao, C., Barone, M. J., & Qian, S., et al. (2019). Emo-

tional Intelligence and Service Quality: A Meta-Analysis with Initial Evidence on Cross-Cultural Factors and Future Research Directions. Marketing Letters, (2): 318-342.

[87] Mubeen H., Ashraf H., & Nisar Q. A. (2016). Impact of Emotional Intelligence and Knowledge Management on Organizational Performance: Mediating Role of Organizational Learning. Journal of Management Info, (11): 35-52.

[88] Nikbin, D., Marimuthu, M., Hyun, S.S., Ismail, I. (2015). Relationships of Perceived Justice to Service Recovery, Service Recovery Failure Attributions, Recovery Satisfaction, and Loyalty in the Context of Airline Travelers. Asia Pacific Journal of Tourism Research, 20 (3): 239-262.

[89] No, E., & Kim, J. K. (2015). Comparing the Attributes of Online Tourism Information Sources. Computers in Human Behavior, (50): 564-575.

[90] Nunnally, J C., & Bemstein, H. T. (1994). Psyehometrie Theory. 3rded. NY: Me Graw Hill.

[91] Olavarria-Jaraba, A., Cambra-Fierro J. J., Centeno, E., & Vazquez-Carrasco, R. (2018). Relationship Quality as an Antecedent of Customer Relationship Proneness: A Cross-Cultural Study between Spain and Mexico. Journal of Retailing and Consumer Services, 42 (5): 78-87.

[92] Oliver, R. L. (1997). Satisfaction: A Behavioral Perspective on the Consumer. McGraw Hill, New York.

[93] Oliver, R. L. (1999). Whence Consumer Loyalty? Journal of Marketing, 63 (4suppl1): 33-44.

[94] Ou, Y., & Verhoef, P. (2017). The Impact of Positive and Negative Emotions on Loyalty Intentions and Their Interactions with Customer Equity Drivers. Journal of Business Research, (80): 106-115.

[95] O'Connor, P. J., Hill, A., & Kaya, M., et al. (2019). The Measurement of Emotional Intelligence: A Critical Review of the Literature and Recommendations for Researchers and Practitioners. Frontiers in Psychol-

ogy，（10）：2019.

［96］Pai，C. H.，K. O.，K. M.，& Santos，T.（2019）. A Study of the Effect of Service Recovery on Customer Loyalty Based on Marketing Word of Mouth in Tourism Industry. Revista de Cercetare si Interventie Socială，64（6）：74-84.

［97］Pappas，N.（2017）. Effect of Marketing Activities，Benefits，Risks，Confusion Due to Over-choice，Price，Quality and Consumer Trust on Online Tourism Purchasing. Journal of Marketing Communications，23（2）：195-218.

［98］Parasuraman，A.，Zeithaml，V. A.，& Malhotra，A.（2005）. E-S-Qual：A Multiple-Item Scale for Assessing，Electronic Service Quality. Journal of Service Research，7（3）：213-233.

［99］Paulhus，D. L.，Duncan，J. H.，& Yik，M. S. M.（2002）. Patterns of Shyness in East-Asian and European-heritage Students. Journal of Research in Personality，36（5）：442-462.

［100］Pinto，I.，& Castro，C.（2019）. Online Travel Agencies：Factors Influencing Tourists' Purchase Decisions. Tourism & Management Studies，15（2）：7-20.

［101］Poggi，I.，& D'Errico，F.（2010）. The Mental Ingredients of Bitterness. Journal on Multimodal User Interfaces，3（1）：79-86.

［102］Ponzi，L. J.，Fombrun，C. J.，& Gardberg，N. A.（2011）. Reptrak Pulse：Conceptualizing and Validating a Short-Form Measure of Corporate Reputation. Corporate Reputation Review，14（1）：15-35.

［103］Preacher K. J.，Rucker，D. D.，& Hayes，A. F.（2007）. Addressing Moderated Mediation Hypotheses：Theory Methods and Prescriptions. Multivariate Behavioral Research，42（1）：185-227.

［104］Priluck，R.（2003）. Relationship Marketing Can Mitigate Product and Service Failures. Journal of Service Marketing，17（1）：37-52.

［105］Podsakoff, P. M. , MacKenzie, S. B. , Lee, J. Y. , & Podsa-koff, N. P. （2003）. Common Method Biases in Behavioral Research: A Critical Review of the Literature and Recommended Remedies. Journal of Applied Psychology, 88 （5）: 879−903.

［106］Rafiq, M. , Fulford, H. , & Lu, X. M. （2013）. Building Customer Loyalty in Online Retailing: The Role of Relationship Quality. Journal of Marketing Management, 29 （3−4）: 494−517.

［107］Rianthong, N. , Dumrongsiri, A. , & Kohda, Y. （2016）. Improving the Multidimensional Sequencing of Hotel Rooms on an Online Travel Agency Web Site. Electronic Commerce Research and Applications, （17）: 74−86.

［108］Ribbink, D. , Van, R. , Allard, C. R. & Liljander, V. （2004）. Comfort Your Online Customer: Quality, Trust and Loyalty on the Internet. Managing Service Quality, （14）: 446−456.

［109］Rozell, E. J. , Pettijohn, C. E. , & Stephen, P. R. （2006）. Emotional Intelligence and Dispositional Affectivity as Predictors of Performance in Sales People. Journal of Marketing Theory and Practice, 14 （2）: 113−124.

［110］Sajjad A. M. , Qasim A. N. , Noraini O. （2017）. Do Emotional Intelligence & Organizational Politics Influence the Employee Work Behaviors and Attitudes? Mediating Role of Political Skill. Jurnal Pengurusan, （51）: 1−16.

［111］Salovey, P. , & Mayer, J. D. （1990）. Emotional Intelligence. Imagination, Cognition and Personality, 9 （3）: 185−211.

［112］Schroder−Abe, M. , & Schutz, A. （2011）. Walking in Each Other's Shoes: Perspective Taking Mediates Effects of Emotional Intelligence on Relationship Quality. European Journal of Personality, 25 （2）: 155−169.

［113］Scridon, M. A. , Achim, S. A. , Pintea, M. O. , & Gavriletea, M. D. （2020）. Risk and Perceived Value: Antecedents of Customer Satisfaction and Loyalty in a Sustainable Business Model. Economic Research−Ekonomska Istrazivanja, 32 (1): 909-924.

[114] Sheng, L. (2019). An International Review on Cooperation Relations between Online Travel Agencies and Traditional Tourism Enterprises. World Regional Studies, 28 (3): 202-212.

[115] Shin, J. K. (2019). A Study on the Effect of Online Activation Business Transaction Factors of Fresh Food Shopping Mall on E-Customer Relationship Quality and E-Customer Loyalty. East Asian Journal of Business Economics, 7 (1): 1-16.

[116] Sjöberg, L. (2007). Emotions and Risk Perception. Risk Management, (9): 223-237.

[117] Smironva, E., Kiatkawsin, K., Lee, S. K., Kim, J., & Lee, C. H (2019). Self-selection and Non-response Bias in Customers' Hotel Ratings: A Comparison of Online and Offline Ratings. Current Issues in Tourism, 32 (3): 375-389.

[118] Smith, A. K., & Bolton, R. N. (1999). An Experimental Investigation of Customer Reactions to Service Failure and Recovery Encounter: Paradox or Peril. Journal of Service Research, 1 (1): 65-81.

[119] Smith, A. K. Bolton, R. N., & Wanger, J. (1999). A Model of Customer Satisfaction with Service Encounters Involving Failure and Recovery. Journal of marketing research, 36 (3): 356-372.

[120] Song, H., & Kim, J. H (2021). The Cause-Effect Relationship between Negative Food Incidents and Tourists' Negative Emotions. International Journal of Hospitality Management, 95 (5): 102925.

[121] Sparks, B. (2007). Providing an Explanation for Service Failure: Context, Content, and Customer Responses. Journal of hospitality & tourism research, 31 (2): 241-260.

[122] Stollery, A., & Jun, S. H.. (2017). Effects of Perceived Benefits on Airbnb Repurchase Intention.

［123］Sven, M., Benjamin, Q., & Jan, W. （2015）. Don't Try Harder: Using Customer Inoculation to Build Resistance Against Service Failures. Journal of the Academy of Marketing Science, 43 （4）: 512-527.

［124］Thomas, E., Geoffrey, P., & Marshall, V. A. （2011）. Platform Envelopment. Strategic Management Journal, （32）: 1270-1285.

［125］Tiwana, A., Konsynski, B., & Bush, A. A. （2010）. Research Commentary—Platform Evolution: Coevolution of Platform Architecture, Governance, and Environmental Dynamics. Information Systems Research, 21 （4）: 675-687.

［126］Todt, G., Weiss, M., & Hoegl, M. （2018）. Mitigating Negative Side Effects of Innovation Project Terminations: The Role of Resilience and Social Support. Journal of Product Innovation Management, 35 （4）: 518-542.

［127］Tony, S. M. T. （2013）. The Marketing Role of the Internet in Launching a Hotel: The Case of Hotel ICON. Journal of Hospitality Marketing and Management, 22 （8）: 895-908.

［128］Totterdell, P., & Holman, D. （2003）. Emotion Regulation in Customer Service Roles: Testing a Model of Emotional Labor. Journal of Occupational Health Psychology, （8）: 55-73.

［129］Valenzuela, F. R., & Cooksey, R. （2014）. Australian Retail Banking Customers' Perceptions of Time in a Service Recovery Process. Contemporary Management Research, 24 （2）: 123-146.

［130］Valor - Segura, I., Navarro - Carrillo, G., Extremera, N., Lozano, LM., Garcia-Guiu, C., Roldan-Bravo, M. I., & Ruiz-Moreno, A. （2020）. Predicting Job Satisfaction in Military Organizations: Unpacking the Relationship between Emotional Intelligence, Teamwork Communication, and Job Attitudes in Spanish Military Cadets. Frontiers in Psychology, 11 （5）: 1-9.

［131］Wei, C., Liu, M. W. J., & Keh, H. T. （2020）. The Road to Consumer Forgiveness is Paved with Money or Apology? The Roles of Empathy and Power in Service Recovery. Journal of Business Research, 118 （9）: 321-334.

［132］Wei, J. H, Zhu, S., Lu, H., Li, C., Hou, Z. P., Zhou, X. R. （2022） Research on the Impact of Consumer Forgiveness on Consumer Continuous Trust. Total Quality Management & Business Excellence, 34 （5-6）: 692-711.

［133］Wei, J. H. （2021）. The Impacts of Perceived Risk and Negative Emotions on the Service Recovery Effect for Online Travel Agencies: The Moderating Role of Corporate Reputation. Frontiers in Psychology, （12） 685351.

［134］Wei, J. H., & Lin, X. （2022）. Research on the Influence of Compensation Methods and Customer Sentiment on Service Recovery Effect. Total Quality Management & Business Excellence, 33 （5-6）: 489-508.

［135］Wei, J. H., Hou, Z. P., & Zhou, X. R. （2021）. Research on the Influence of Emotional Intelligence and Emotional Labor on the Service Recovery Effect of Online Travel Agency. Frontiers in Psychology, （12）: 735756.

［136］Wei, J. H., Lian, Y., Li, L., Lu, Z. Z., Lu, Q., Chen, W. H., Dong, H. L. （2023）. The Impact of Negative Emotions and Relationship Quality on Consumers' Repurchase Intention: An Empirical Study Based on Service Recovery in China's Online Travel Agencies. Heliyon, 9 （1）: e12919.

［137］Wei, J. H., Lin, X., Jiang, Y. G., Zhou, X. R. （2021）. The Influence of Emotional Intelligence and Relationship Quality on the Service Recovery Effect of Online Platform Ecosystem. Current Psychology, 41 （11）: 7898-7910.

［138］Wei, J. H., Wang, Z. Y., Hou, Z. P., & Meng, Y. H. （2022）. The Influence of Empathy and Consumer Forgiveness on the Service

Recovery Effect of Online Shopping. Frontiers in Psychology, (13): 842207.

［139］Wei, J. H. , Zhu, S. , Hou, Z. P. , Dong, H. L. , & Li, J. (2023). Research on the Influence Mechanism of Emotional Intelligence and Psychological Empowerment on Customers' Repurchase Intention under the Situation of Online Shopping Service Recovery. Current Psychology. 42 (21): 17595-17611.

［140］Weng, J. T. , Ting, H. , & Run, E. , et al. (2016). Disposition and Repurchase Intention: A Preliminary Study of the How and Why. Procedia-Social and Behavioral Sciences, (224): 332-338.

［141］Westbrook, R. A. , & Oliver, R. L. (1991). The Dimensionality of Consumption Emotion Patterns and Consumer Satisfaction. Journal of Consumer Research, (1): 84-91.

［142］Wong, C. S. , & Law, K. S. (2002). The Effects of Leader and Follower Emotional Intelligence on Performance and Attitude: An Exploratory Study. The Leadership Quarterly, 13 (3): 243-274.

［143］Woodside, A. G. , Frey, L. L. , & Daly, R. T. (1989). Linking Service Quality, Customer Satisfaction and Behavioral Intention. Journal of Health Care Marketing, 9 (1): 97-108.

［144］Xu, Y. , Wei, S. Y. , & Wang, S. Y. (2020). Privacy Preserving Online Matching on Ridesharing Platforms. Neurocomputing, 406 (9): 371-377.

［145］Xue, H. Y. , Si X. N. , Wang, H. , Song, X. R. , Zhu, K. K. , Liu, X. L. , & Zhang, F. (2022). Psychological Resilience and Career Success of Female Nurses in Central China: The Mediating Role of Craftsmanship. Frontiers in Psychology, (13): 157-170.

［146］Yoon, S. M. , & Lee, C. K. (2014). Examining the Relationships among Perceived Risk, Expectancy-disconfirmation, Emotion, Satisfaction, and Behavioral Intention: The Case of Visit Experience in a Festival. Journal of Tourism Sciences，38（10）：153-174.

［147］Zeithaml，V. A.，Berry，L. L.，& Parasuraman，A.（1996）. The Behavioral Consequences of Service Quality. Journal of Marketing，60（2）：31-46.

［148］Zhang，R. Q.，Sun C. Y.，& Zhang，J. H.（2014）. Study on the Correlation between Nurses' Emotional Intelligence and Subjective Well-being. Modern Preventive Medicine，（41）：3363-3365.

［149］Zheng，C. H.，Zhang，J.，Guo，Y. R.，Zhang，Y. L.，& Qian，L. L.（2019）. Disruption and Reestablishment of Place Attachment after Large-Scale Disasters：The Role of Perceived Risk，Negative Emotions，and Coping. International Journal of Disaster Risk Reduction，40（11）：275-289.

［150］Zhou，Y. W.，Chen，C. Y.，Zhong，Y. G，& Cao，B.（2020）. The Allocation Optimization of Promotion Budget and Traffic Volume for an Online Flash-sales Platform. Annala of Operations Research，291（1-2）：1183-1207.

［151］安蓉，裴燕燕（2017）. 大学生心理韧性在情绪智力与学业压力间的中介作用. 中国学校卫生，38（7）：165-174.

［152］陈超，陈拥军（2016）. 互联网平台模式与传统企业再造. 科技进步与对策，33（6）：84-88.

［153］陈瑞，郑毓煌，刘文静（2013）. 中介效应分析：原理、程序、Bootstrap 方法及其应用. 营销科学学报，9（4）：120-135.

［154］陈斯允，卫海英，冉雅璇等（2020）. "重振旗鼓"还是"重蹈覆辙"——新起点思维与品牌危机类型对消费者宽恕的影响. 南开管理评论，23（4）：49-59+83.

［155］陈文晶，张红娜，万岩，时勘（2015）. 网络环境下顾客忠诚形成机制研究. 中国管理科学，（23）：127-133.

［156］陈永愉（2010）. 潜意识、情绪劳动与服务质量关系的研究.

南开大学.

［157］崔保军（2015）．产品伤害危机情境下消费者感知风险的研究述评与展望．商业经济与管理，（4）：65-73.

［158］董晓舟（2015）．平台型购物网站的网络顾客忠诚研究——基于关系质量与网站依恋的双中介路径．营销科学学报，11（4）：104-128.

［159］杜建刚，范秀成（2012）．服务失败情境下面子丢失对顾客抱怨倾向的影响．管理评论，24（10）：91-99.

［160］法洁锦，王程岳（2021）．南京高校体育专业大学生情绪智力对锻炼投入的影响及心理韧性的中介效应．南京师大学报（自然科学版），44（3）：142-148.

［161］方淑杰，黎耀奇，傅云新（2019）．赔礼还是赔钱？——基于情绪感染理论的旅游景区服务补救策略研究．旅游学刊，34（1）：44-57.

［162］龚会，时勘，卢嘉辉（2012）．电信服务业员工的情绪劳动与生活满意度——心理解脱的调节作用．软科学，（26）：98-103.

［163］何学欢，胡东滨，粟路军（2018）．旅游地居民感知公平、关系质量与环境责任行为．旅游学刊，33（9）：117-131.

［164］侯如靖（2021）．酒店机器人服务失败责任归因研究：失败类型与心灵感知的影响．旅游科学，35（4）：97-107.

［165］华中生（2013）．网络环境下的平台服务模式及其管理问题．管理科学学报，16（12）：1-12.

［166］华中生，魏江，周伟华（2018）．网络环境下服务科学与创新管理研究展望．中国管理科学，26（2）：186-196.

［167］黄莹莹（2021）．服务补救互动过程中一线员工的言语和非言语行为对顾客服务补救合作意愿的影响机制研究．旅游科学，（35）：52-72.

［168］黄珍，常紫萍（2020）．线上服务补救、消费者宽恕与持续

信任——基于中介与调节效应检验. 商业经济研究,(3):97-99.

[169] 贾薇, 赵哲 (2018). 服务补救一定会导致顾客满意吗?——基于顾客情绪视角. 东北大学学报(社会科学版), 20(1): 44-51.

[170] 简兆权, 柯云 (2017). 网络购物服务失误、服务补救与顾客二次满意及忠诚度的关系研究. 管理评论,(29):175-186.

[171] 黎冬梅, 黎慕华 (2021). 餐厅服务场景的文化特征对服务失误归因的影响机制. 旅游科学,(35):44-62.

[172] 李宝玲, 李琪 (2007). 网上消费者的感知风险及其来源分析. 经济管理,(2):78-83.

[173] 李丹, 杨建君, 邓程 (2021). 关系质量对企业知识创造绩效的作用机理:一个被调节的中介模型. 科技进步与对策, 38(21): 108-117.

[174] 李雷, 赵先德, 简兆权 (2016). 网络环境下平台企业的运营策略研究. 管理科学学报, 3(19):15-33.

[175] 李玉萍. (2014). 服务失败情境下转换成本对顾客忠诚的影响研究. 技术经济与管理研究,(8):63-66.

[176] 刘凤军, 孟陆, 杨强, 刘颖艳 (2019). 责任归因视角下事前补救类型与顾客参与程度相匹配对服务补救绩效的影响. 南开管理评论, 22(2):197-210.

[177] 刘国巍, 李闯管 (2017). 网购服务补救质量测度体系及改进 SERVQUAL 模型——基于策略偏好的实验分析视角. 中国流通经济, 31(9):63-70.

[178] 刘汝萍, 范广伟, 马钦海 (2018). 一线员工应对顾客不当行为的能力对同属顾客的影响研究. 管理学报,(1):84-92.

[179] 刘小禹 (2011). 服务员工与顾客情绪互动的影响效果研究. 经济管理, 33(12):77-83.

[180] 刘秀春, 傅联英 (2021). 酒店 OTA 平台运营模式下的市场

均衡及效果分析．产业经济评论，（3）：77-87.

［181］陆娟（2007）．顾客满意与顾客忠诚关系中的调节因素研究——来自北京服务业的实证分析．管理世界，（2）：96-100.

［182］吕勤，吴玉华，童时萍（2016）．饭店员工主观幸福感、情绪智力、情绪劳动策略对离职倾向的影响研究：中介调节路径模型．中国人力资源开发，（2）：43-51.

［183］罗瑾琏，李树文，梁阜（2022）．领导者情绪智力一致性对员工建言影响的路径与边界．管理评论，（33）：198-208.

［184］马灿，周文斌（2020）．全情景支持对技能型员工创新行为的影响机制——创新效能感与工作投入的链式中介作用．财经论丛，9（1）：95-103.

［185］马瑞婧，凡文强，刘静文（2021）．纯文字还是加"表情"？道歉形式对消费者宽恕意愿的影响——移情的中介视角．南开管理评论，24（6）：187-196.

［186］梅健（2016）．虚拟社区服务补救对消费者重购意愿的影响——基于顾客公民行为视角．商业经济研究，（6）：46-48.

［187］孟凡杰，张岗英（2012）．员工情绪智力、应对方式与心理健康关系研究．中国健康心理学杂志，（11）：1667-1670.

［188］倪渊，李翠（2021）．包容型领导与情绪劳动策略选择——来自银行业一线服务人员的实证研究．南开管理评论，（24）：106-119.

［189］彭军锋，景奉杰（2006）．关系品质对服务补救效果的调节作用．南开管理评论，9（4）：8-15.

［190］浦方芳，柏涌海，张文跃，郭晓莉，瞿桂红（2017）．医师情绪智力及应对方式对医患关系的影响．解放军医院管理杂志，（24）：201-204.

［191］齐永智，张梦霞（2021）．新零售企业多渠道整合服务质量对重购意愿的影响——顾客涉入度的调节作用．中国流通经济，35（4）：58-69.

［192］钱佳佳（2018）．网购服务补救对顾客二次满意影响研究．安徽财经大学．

［193］全冬梅，李慧翠（2021）．品牌信任、电商服务补救与消费者重购关系研究——基于网购服务失误后消费者宽恕情景分析．价格理论与实践，（4）：129-132+170.

［194］任俊玲，杜惠英，王兴芬（2019）．面向网络零售的感知风险与购买意愿相关性．中国流通经济，33（7）：63-72.

［195］孙乃娟（2012）．国外消费者宽恕研究综述及趋势展望．中国流通经济，26（4）：86-90.

［196］孙乃娟，孙育新（2017）．服务补救、移情与消费者宽恕：归因理论视角下的模型建构及实证．预测，36（5）：30-35.

［197］谭保华（2019）．B2C 模式下服务补救质量、关系质量与顾客忠诚之间的关系研究——顾客参与的调节作用．广西师范大学．

［198］汤丹丹，温忠麟（2020）．共同方法偏差检验：问题与建议［J］．心理科学，43（1）：215-223.

［199］汪旭晖，郭一凡．（2018）．平台型电商声誉对平台卖家绩效的影响研究——基于顾客关系质量的研究视角．西南民族大学学报（人文社会科学版），39（11）：124-131.

［200］汪旭晖，郭一凡．（2018）．平台型电商声誉对平台卖家绩效的影响研究——基于顾客关系质量的研究视角．西南民族大学学报（人文社会科学版），（11）：124-131.

［201］汪旭晖，苏晨（2023）．拟人化有助于缓解机器人服务失败后的顾客不满吗？——责任归因的中介作用．财贸研究，34（6）：57-70.

［202］王芬，亓伟业，王瑜等（2019）．职业承诺在中医院护士心理韧性与情绪耗竭间的中介作用．职业与健康，35（11）：1536-1539+1549.

［203］王风华，高丽，潘洋（2017）．顾客参与对顾客满意度的影响——感知风险的中介作用和自我效能感的调节作用．财经问题研究，

（6）：101-107.

[204] 王绘娟（2023）．农产品直播互动性、消费者心理体验与购买意愿．商业经济研究，（22）：80-83.

[205] 王蓉（2020）．消费者感知风险对冲动网购行为的影响：理论与实证．商业经济研究，（12）：46-50.

[206] 王文峰，李磊．（2020）．网络口碑再传播对消费者购买意愿的影响研究——基于消费者宽恕的中介作用．价格理论与实践，（11）：124-127.

[207] 王仙雅（2015）．挑战—阻碍性科研压力源对高校教师科研绩效的影响机制研究．天津大学．

[208] 王宗润，陈曦，邓松海（2018）．结构性产品投资者感知风险与过度自信影响研究．管理科学学报，21（3）：82-93.

[209] 韦家华（2016）．情绪智力、情绪劳动和心理授权对服务补救效果的影响研究．西南交通大学．

[210] 吴明隆（2010）．结构方程模型——AMOS 的操作与应用．重庆：重庆大学出版社．

[211] 肖建珍（2021）．基于 OTA 视角的经济型酒店与 OTA 平台竞合研究：以如家连锁酒店为例．经济研究导刊，（13）：134-136.

[212] 熊红星，张璟，郑雪（2013）．方法影响结果？方法变异的本质、影响及控制．心理学探新，33（3）：195-199.

[213] 徐哲俊，李春花，于弋犀（2018）．服务补救情境下星级酒店顾客重购意愿分析．延边大学学报（社会科学版），51（1）：78-85+141-142.

[214] 杨勇，唐帅，马钦海，孙琦（2013）．情绪智力与组织公民行为：情绪劳动的中介作用．东北大学学报（自然科学版），13（5）：753-756.

[215] 姚亚男，邓朝华（2017）．基于感知风险和服务质量模型的在线医疗健康网站用户满意度研究．中国卫生统计，34（2）：331-334.

［216］于宝琴，李顺东，张初兵（2018）．服务失败后情绪反应与购后行为的关系研究．现代财经（天津财经大学学报），38（5）：91-100.

［217］于坤章，李尤，殷玉婷．（2008）．服务补救对顾客忠诚度的影响机理探析．财经理论与实践，29（2）：104-109.

［218］于兆吉，贾宝禹，赵英姿（2021）．OTA 平台在线信誉系统对消费者购买决策的影响研究．中国软科学，（1）：147-155.

［219］于兆吉，朱蔓菱，魏闯（2023）．心理契约视角下在线购物预防性服务补救对消费者宽恕的影响．管理工程学报，37（6）：201-211.

［220］占小军（2012）．服务员工情绪智力对顾客忠诚影响机理的实证研究．江西财经大学学报，（5）：33-40.

［221］张德鹏，祁小波，林萌菲（2020）．创新顾客心理所有权、关系质量对口碑推荐行为的影响．预测，39（6）：39-46.

［222］张辉，牛振邦（2013）．特质乐观和状态乐观对一线服务员工服务绩效的影响——基于"角色压力—倦怠—工作结果"框架．南开管理评论，（16）：110-121.

［223］张辉华，李爱梅，凌文辁，徐波（2009）．管理者情绪智力与绩效的关系：直接和中介效应研究．南开管理评论，（12）：104-116.

［224］张慧，闫莹．（2014）．平台生态圈下团购网站运营效率及影响因素研究．商业时代，（30）：57-59.

［225］张倩（2011）．服务补救质量与顾客忠诚度关系的实证研究．辽宁大学．

［226］张亚军，尚古琦，张军伟等（2019）．资质过剩感与员工工作绩效：心理权利的视角．管理评论，31（12）：194-206.

［227］张跃先，马钦海，张晓飞．（2019）．基于感知不确定性和顾客类型交互作用的网上免费赠品与顾客惊喜的关系研究．管理学报，16（1）：104-115.

［228］赵卫宏，熊小明（2015）．网络零售服务质量的测量与管理——基于中国情境［J］.管理评论，27（12）：120-130.

［229］赵延昇，王仕海（2012）．网购中服务失误对关系质量及顾客重购意愿的影响——基于关系类型调节下的实证研究［J］．中南大学学报（社会科学版），18（3）：123-130+134．

［230］钟天丽，胡培，孙靖（2011）．基于外部比较下的服务补救后顾客行为意向的探讨．管理评论，23（1）：59-67．

［231］周熙（2010）．网络商店服务补救质量对顾客忠诚的影响．重庆大学．

［232］朱永明，黄嘉鑫．（2020）直播带货平台感知示能性对消费者购买意愿的影响研究．价格理论与实践，（10）：123-126．